요리 전문가 The Job!

요리 전문가 The Job!

초판 1쇄 발행 2023년 4월 1일

지은이 시니어TheJob연구소(김학민)
발행인 조상현
마케팅 조정빈
편집인 김유진
디자인 김희진

펴낸곳 더디퍼런스
등록번호 제2018-000177호
주소 경기도 고양시 덕양구 큰골길 33-170
문의 02-712-7927
팩스 02-6974-1237
이메일 thedibooks@naver.com
홈페이지 www.thedifference.co.kr

ISBN 979-11-61253-93-0 13320

더스 | 더디 | 더디퍼런스 | 마이북

어른을 위한 두 번째 직업책

요리 전문가 The Job!

시니어TheJob연구소 지음

더디퍼런스

프롤로그

취미 요리를 직업 요리로 바꾸다

"은퇴하고 나면 아내 짐을 덜어주기 위해서라도 직접 밥을 지어 먹으려고요."

"그동안 얻어먹기만 했는데, 이제는 가족들에게 맛있는 요리를 해주고 싶습니다."

"퇴직하고 식당이나 차려보려고요. 마땅한 재주가 없어서."

위 내용은 시니어 남성을 대상으로 하는 요리교실 참가자들의 지원 동기이다. 참가자들 중에는 요리사가 꿈인 사람도, 아닌 사람도 있다. 막상 배워 보니 요리가 적성에 맞거나 맞지 않다는 것을 깨달은 사람도 있다. 뒤늦게 적성을 발견한 사람 중에는 사설 학원에서 더 전문적인 공부를 한 뒤 요리사 자격증을 따기도 했다. 여하튼 참가자들 대다수가 요리를 배우며 즐거움을 느낀다고 한다. 높은 만족도 덕분에 시니어 남성을 대상으로 하는 요리 교실의 인기는 점점 높아지는 추세이다.

시니어 여성들에게는 한식조리기능사 자격증이 인기가 있다. 일자리가 필요한 시니어 여성들이 비교적 취업하기 유리한 분야가 한식이어서 그런 듯하다. 물론 남자든 여자든 시니어의 취업이 활발하다고 보기는 좀 어렵다. 허드렛일부터 시작해 주방장까지 오르는 주방 문화가 아직은 뿌리 깊은 탓이다. 이러한 문화에서는 새 직원을 뽑을 때 '시니어'보다 '주니어'를 더 선호하는 편이다.

그러나 이런 관행의 뿌리를 흔드는 시니어들이 하나둘 나타나고 있다. 이 책에서 그 주인공들을 만나볼 수 있다. 그들은 '시니어 신입 요리사'라는 좁은 길을 가기 위해 피나게 노력하는 사람들이다. 자신만의 노하우를 갈고닦은 열정파들이다.

이 책은 모두 5장으로 구성되어 있다. 1장 한식 요리사, 2장 일식 요리사, 3장 중식 요리사, 4장 양식 요리사, 마지막 5장은 제과 · 제빵사 및 바리스타 같은 요리 관련 업종과 푸드테라피스트, 푸듀케이터, 곤충식품조리사 같은 이색 업종을 다뤘다. 장의 순서와 상관없이 자신이 관심 있는 분야를 먼저 읽어도 되고, 순서대로 읽어도 된다.

다만 한식 요리사 편을 먼저 읽는 것이 좀 더 효율적인 독서가 될 것이다. 어느 분야의 요리사든 꼭 갖춰야 할 체력, 창의력, 마인드 등의 필요 능력을 1장 한식 요리사 편에서 소개했기 때문이다. 지자체에서 운영하는 취업 및 창업 지원 제도, 이들 제도의 혜택을 받기 위한 접근법도 한식 요리사 편에서 구체적으로 설명했다.

양식에 관심 있다고 해서 양식만 읽는 '편식 독서'는 지양하기를 당부한다. 요리는 다양한 재료로 하나의 완성품을 만들어 내는 행위이다. 완성형 양식 요리사가 되고 싶다면 다른 분야의 요리도 공부하는 것이 좋다. 예를 들어, 돈가스에는 밑반찬으로 보통 깍두기나 단무지를 내는데, 요리사가 깍두기와 단무지에 대해 전혀 모르면 되겠는가.

또한 이 책은 실제 사례와 현장 이야기를 생생하게 전한다. 스타 셰프의 인생담, 시니어 요리사들의 도전기도 풍성하다. 그들의 이야기는 미래 시니어 요리사로서 앞길을 개척하는 데 맛 좋은 자양분이 될 것이다.

미래는 현실을 정확히 알 때 더 잘 예측할 수 있다. 그러한 점에서 이 책은 정직한 '현실 보고서'이다. 어설프게 청사진을 내보이지도, 섣불리 그림자를 드리우지도 않았다. 현실을 똑똑히 볼 수 있도록 현실에 맞는 정보를 바탕으로 미래를 꾸밈 없이 제시했다. 미래 시니어 요리사가 미래를 예측하는 데 도움을 주려는 목적이다. 분명한 점은 많은 시니어 요리사들이 행복을 느낀다는 사실이다. 그들은 뭔가를 새로 만들고 이를 누군가에게 대접하는 기쁨이 생겨서 행복하다고 한다. 여러분도 이 책을 읽으며 그 행복을 가까이에서 느껴보기 바란다.

시니어TheJob연구소

차례

1장

한식 요리사

취미인 듯 직업인 듯

요리는 괴롭지만 즐거워

우리나라에는 명장이 산다. 충무공 이순신과 같은 명장(名將)은 죽었지만, 최고 기능보유자인 명장(名匠)이 곳곳에서 활약하고 있다. 우리 정부는 각 산업 분야에서 으뜸가는 기술로 이바지한 사람을 '대한민국명장'으로 선정한다. 가령 미용 최고기능보유자에게는 '미용명장', 조리 최고기능보유자에게는 '조리명장'이라는 명예를 준다.

요리사 문문술은 2008년 조리명장에 선정된 인물이다. 그는 김대중 대통령 시절 청와대 주방 책임자였다.

그때 외국 국빈에게 독창적인 한식을 대접해 우리 음식을 널리 알리는 데 이바지한 공로로 '명장'의 영예를 얻었다. 청와대를 나와 메이필드호텔까지 거친 문문술 조리명장은 현재 대학 강단에서 요리를 가르치고 외부 강습을 하는 등 왕성하게 활동하고 있다. 그가 요리에 입문한 때는 청소년 시절이다. 시골에서 태어난 문문술은 중학교 졸업 후 무작정 서울로 올라와 숙식을 제공하는 식당에서 일하며 요리를 배웠다. 그야말로 평생을 요리에 몸 바친 셈이다.

일생이 요리인 조리명장 문문술은 이렇게 말했다.

"요리는 즐거운 일입니다."[1]

그는 자신의 일과 직업을 진심으로 즐긴 사람이다.

평생 요리에 몸 바친 건 가정주부(남자든 여자든)도 마찬가지일 것이다. 주부에게 식구들의 밥을 챙기는 일은 가장 큰일이다. '식구(食口, 한집에 함께 살면서 끼니를 같이 하는 사람)'가 '가족'을 뜻하는 건 그만큼 먹는 일, 곧 요

---

1 지재우, 《요리사 어떻게 되었을까?》, 캠퍼스멘토, 2015

리가 중요하다는 뜻이다. 그런데 요리를 즐기는 주부가 몇이나 될까? 가족들이 음식을 맛있게 먹는 모습에 즐거움을 느끼기는 할 것이다. 하지만 그 즐거움은 추운 겨울 때때로 찾아오는 햇살처럼 순간에 그치는 경우가 많다. 대체로 요리는 주부에게 힘들고 부담스러운 노동이다. 많은 주부들이 요리를 '해야 할 일'로 여기고 의무감으로 부엌에서 버틴다.

요리가 벅찬 의무일지라도 주부로서 제2의 인생을 꿈꾸고 있다면 한식 요리사의 길도 고민해봄 직하다. 주부의 손을 거쳐 식탁에 오르는 음식은 대부분 한식이다. 곧 주부라면, 이미 기본 실력은 갖추었을 가능성이 높다. 식구들이 한술 뜨자마자 숟가락을 내려놓는 일이 빈번하지만 않다면 요리사로서 절반은 성공한 것이나 다름없다. 나머지 절반은 즐거움으로 채울 수 있다. 그 점에서도 주부는 유리하다. 가족이 맛있게 먹는 모습에, 칭찬 한마디에 즐거움을 얻은 경험이 있을 테니까. 조리명장 문문술을 비롯한 유명 요리사들도 손님의 칭찬에 요리의 즐거움을 느낀다. 그 즐거움을 간직한 채 요리사의 길을 꾸준히 걷다가 오늘의 명성을 얻은 것이다. 게다가

수익도!

직업을 통해 버는 돈은 적잖은 즐거움을 선사한다. 주부가 요리를 힘들어하는 데는 일만 하고 돈은 못 받는 점도 무시하기 어렵다. 주부에게 요리는 오직 일일 뿐 직업은 아니다. 노동력을 제공하고 임금을 받지 않는다는 측면에서 그렇다. 주부가 요리사가 된다면 평생 봉사처럼 해왔던 요리로 돈을 벌 수 있다. 월급의 액수를 떠나 충분한 동기부여가 될 수 있다.

요리를 '하고 싶은 일'로 만들자

시니어 유튜버 '주코코맘'은 평범한 주부였다. 그에게 특별한 점이 있다면 손수 만든 요리를 사람들과 나누기를 즐겼다는 점이다. 주코코맘은 이 즐거운 일을 더 잘 하고 싶어서 한식 조리사 자격증을 땄다. 폐백 요리를 배워 팔기도 했다. 그러다 예순에 이르러 유튜브까지 도전했다. 엄마가 된 딸에게 요리를 가르쳐주려는 마음을 계기로 시작했다. 제철 음식 요리법을 알려주는 그녀의 유튜브 방송은 큰 사랑을 받았다.

요리와 무관한 직업을 가진 시니어 가운데 요리사를

꿈꾸는 이가 있다면 주코코맘의 사례에서 눈여겨볼 점이 있다. 요리를 좋아할 때 더 잘할 수 있다는 점이다. 주코코맘에게 요리는 '하고 싶은 일'이었다. 시니어의 대다수는 지금껏 '하고 싶은 일'보다는 '해야 할 일'을 하며 살아왔을 것이다. 그러나 인생 제2막이니만큼 '하고 싶은 일'을 하며 살기를 바랄 것이다. 혹시 인생 제2막을 요리사로 열어가고 싶다면, 요리에 취미를 붙여보자. 좋아하게 되면 잘할 수 있는 가능성이 더 높아진다.

물론 어떤 일을 억지로 취미를 삼는 것이 쉽지는 않다. 요리도 다를 바 없다. 다만 방법은 있다. 요리한 음식을 함께 나누고 대접하는 것이다. 가족이든 친구든 가까운 사람에게 요리를 선물하자. 맛있게 먹는 모습에, 격려와 칭찬에 요리를 좋아하는 마음이 우러날 것이다.

최고의 요리보다는 나만의 요리

조리명장 문문술은 최고의 요리를 만들기보다 자신만의 요리를 만들라고 조언했다. 즉 독창적인 요리를 요리사의 성공 비결로 제시했다. 일류 한정식집인 삼청각 주방 책임자 출신 박경식도 창의력으로 개발한 새 요리로 고객을 감동시키는 것이 중요하다고 강조했다.[2] 주코코맘의 경우 과일과 청을 넣어 자연의 맛을 살린 김치를 담그는 등 독특한 음식을 만들려는 노력이 구독자에게 먹혔다.

요리사가 출연하는 요리 경연 및 요리 예능 프로그램이 잇따르면서 요리사의 인기는 높아졌다. 유튜브, 블로그 같은 온라인 세상에서 활동하는 요리사가 늘어나면서 요리사의 활동 무대도 넓어졌다. 국가 간 교류 및 민간 교류도 활발해지면서 음식 문화도 자연스레 주고받게 되었다. 과거와 달라진 이런 환경은 요리사로 나아가는 길을 넓혔지만, 반대로 좁히기도 했다. 요리사를 꿈꾸는 이가 많아지면서 경쟁이 심해진 탓이다.

미래 시니어 요리사라면 경쟁에서 살아남을 궁리를 깊이 하는 것이 좋다. 어린 꿈나무들보다 미래를 준비할 시간이 모자라기에 더 부지런히 달려야 한다. 나만의 개성있는 요리는 경쟁 무기가 될 수 있다. 요리사로 정

2 지재우, 《요리사 어떻게 되었을까?》, 캠퍼스멘토, 2015

식 입문하기 전이나, 취미로 요리하는 시기에 독창적인 요리 개발에 힘쓰기를 권한다. 이때는 실패해도 괜찮다. 무수한 실패는 오히려 약이 된다. 실패를 거치는 동안 적어도 미각만큼은 한층 예민해질 것이다. 발달된 미각은 요리사 스스로를 돕는 능력이다.

어렵지만 도전합니다

한식 요리사는 누구인가?

한국고용정보원이 발간한 《한국직업사전》에 오른 한식 요리사의 직업명은 '한식 조리사'이다. 조리와 요리의 차이는 무엇일까? 먼저 조리는 식재료로 음식을 만드는 과정이다. 요리는 음식을 만드는 일 또는 그 음식을 일컫는다. '조리'와 '요리'의 의미에는 큰 차이가 없다. 다만 조리는 '과정'만을 뜻하며 음식 자체를 가리키지는 않는다. 즉 한국 음식을 한국 요리라고 부를 수는 있지만, 한국 조리라고 부르지는 않는다.

조리와 요리에 큰 차이가 없듯이 조리사와 요리사도

마찬가지다. 국어사전에서 조리사는 "식품 위생법의 규정에 의한 소정의 면허를 가지고 음식점이나 집단 급식소 따위에서 음식을 만드는 일을 직업으로 하는 사람"이다. 요리사는 "요리를 전문으로 하는 사람"이다. 요리사의 의미는 그 폭이 넓고, 조리사의 의미는 직업에 한정된다. 자격증에도 '조리'라는 말은 들어가도 '요리'라는 말은 안 들어간다. 여하튼 단어의 뜻은 크게 중요하지 않다. 중요한 것은 요리에 진심과 진정을 담는 일이다. 요리에 관한 '진심'과 '진정'은 미래 시니어 요리사가 갖추어야 할 덕목이다. 진심과 진정이 빠진 요리는 먹는 사람에게 행복을 줄 수 없다.

한식 요리사는 어떤 요리를 할까? 밥은 필수다. 밥 외에 찜, 조림, 무침, 국과 찌개 위주의 국물요리 등 다양한 한국 음식을 요리한다. 한식은 기본적으로 건강식이다. 전통 한식에서 육식의 비율은 20퍼센트, 채식의 비율은 80퍼센트다. 우리 몸은 고기와 채소를 골고루 먹을 때 건강해진다. 20 대 80은 건강에 맞춤한 비율이다. 한식 하면 빠질 수 없는 김치, 간장, 된장 같은 발효 식품도 건강에 좋은 영향을 미친다. 이들 발효 식품은 면역력을 높이고 항암 작용을 한다.

시니어는 주니어보다 건강에 더 신경 써야 할 세대다. 실제로 많은 시니어들이 건강 관리에 힘쓴다. 그 노력의 하나로 몸에 좋은 음식을 먹는다. 시니어 한식 요리사를 꿈꾼다면 놓쳐서는 안 될 부분이다. 맛에 건강까지 더한 음식을 개발한다면 성공 가능성은 높아질 것이다.

한식 요리사에게 필요한 능력

몸과 마음을 튼튼하게

"체력은 국력"이라는 말을 들어본 적이 있는가? 1970~80년대 유행한 이 말은 나라가 부강하려면 국민이 건강해야 한다는 것을 강조한, 일종의 구호였다. 요리사에게 있어 체력은 국력만큼이나 중요하다. 체력이 달리면 주방에서 일하기가 어렵다. 긴 시간 서서 일하는 것부터 고역이다. 식재료를 나르고 다듬는 일도 만만치 않고, 무거운 주방 기구를 다루는 데도 힘이 필요하다. 손님이 밀리는 시간대에 정신없이 주문을 소화하는 일은 에너지 소모가 크다. 체력이 바닥나면 집중력이 떨어져서 식재료를 잘못 쓰거나 주문과 다른 요리를 하는 등 실수를 저지르기 십상이다. 이와 같은 어려움을 이겨내려면 요리사는 틈틈이, 꾸준히 건강과 체력을 관리해야 한다. 상대적으로 체력이 부족한 시니어 요리사라면 두말할 것 없다.

요리사에게는 정신력도 요구된다. 우선 강한 정신력은 약한 체력을 보강하는 데 도움이 된다. 몸이 피곤해질 때 정신을 추스르면 에너지를 더 낼 수 있다. 주방은 칼과 불이 늘 살아있는 위험한 공간이다. 한순간 긴장을 늦추면 사고가 일어날 수 있다. 또한 주방은 갑갑한 공간이기도 하다. 식기, 찬장, 조리대, 조리 도구 등이 공간의 대부분을 차지해서 동선이 제한된다. 게다가 한 번 들어가면 손님이 뜸한 시간대를 제외하면 나오기가 쉽지 않다.

위생을 24시간 신경 써야 하는 것도 신경을 곤두서게 만든다. 이러한 환경에서는 단단한 정신력으로 무장하지 않으면 버티기 어렵다. 영업, 여행업, 운송 등 활동적인 일을 했던 시니어라면 주방이라는 환경에 적응할 때 시간이 걸릴 수 있다.

한편 음식에 대한 불만을 요리사에게 대놓고 터뜨리는

손님도 때때로 만나게 된다. 불만 가득한 손님과의 만남은 엄청난 스트레스를 준다. 이 스트레스를 이겨내는 방법 역시 강한 정신력과 마인드 컨트롤이다.

튼튼한 체력과 강인한 정신력은 비단 한식 요리사에게만 필요한 능력이 아니다. 모든 분야의 요리사가 갖추어야 할 기본 능력이자 자질이다. 평소 부지런히 운동하면서 마음을 다스리는 힘을 기르는 것이 성공에 유리한 방법이다.

창의적인 시각, 넓은 시야

부대찌개의 유래를 한 번쯤 들어본 적이 있을 것이다. 부대찌개는 햄, 소시지, 치즈, 미국산 콩 같은 재료와 우리의 고추장, 김치 따위를 섞어 끓인 요리이다. 한국전쟁 당시 미군 부대 주변에 살던 사람들이 처음 먹기 시작했다. 햄과 소시지 따위의 미국 식재료는 미군이 먹다 남긴 것을 얻거나 보급품을 몰래 빼돌려 구했다. 그 시절 햄과 소시지를 '부대고기'라 불렀는데, 이에 '부대찌개'라는 이름이 탄생했다.

부대찌개는 전쟁과 가난의 아픔이 어린 음식이다. 미

군에게 '부대고기'를 얻거나 훔친 것은 전쟁 통에 고기 먹기가 어려웠기 때문이다. 그런데 시각을 달리 하면 부대찌개는 창의성이 돋보이는 음식이다. 미국 식재료와 한국 식재료를 섞어 우리 입맛에 맞게 재창조한 퓨전 음식이기 때문이다. 햄과 소시지의 느끼한 맛을 잡기 위해 고추장과 김치를 넣은 건 창의적 발상이다. 덕분에 누구나 얼큰한 부대찌개를 즐기게 되었다. 한미 조합으로 탄생한 부대찌개는 오늘날 어엿한 한식이다. 일본과 중국에도 진출하고, 한국을 찾은 외국인도 즐겨 먹는다고 하니 한식 역사의 한 페이지를 장식했다고 해도 지나친 말은 아니다. 창의력의 승리라고 보아도 무리가 없다.

한식 요리사라고 해서 한식만 파고들면 크게 성공할 가능성이 낮아진다. 다른 나라 요리도 공부하는 것이 도움이 된다. 가령 짬뽕 맛을 내는 김치찌개를 만들려면 중식인 짬뽕에 대해 알아야만 가능하다. 창의력은 지식에서 샘솟는다. 후발주자로서 더욱 창의력을 발휘해야 할 미래 시니어 요리사라면 반드시 염두에 두어야 할 덕목이다.

대접하는 마음

박영희 교수는 한국 여성 최초 특급호텔 조리장 타이틀을 가진 인물이다. 궁중음식과 발효음식을 연구한 그녀는 해외에서 한식을 홍보하며 한식 세계화에 이바지했다. 그 공로를 인정받아 2018년 한국음식재단과 한국식문화 포럼에서 '대한민국 한식 대가'로 뽑혔다. 한식 대가 박영희는 지금도 한식 세계화와 후학 양성에 힘을 기울이는 중이다.

"음식을 조리하는 사람의 마음에 정성이 담겨 있어야 한식을 빛나게 합니다. 음식을 만들 때 늘 소중한 사람과 귀한 분을 대접한다는 마음을 지녀야 최고의 맛과 건강, 행복을 전할 수 있습니다."[3]

한식 대가가 말하는 요리사의 마음가짐이다. 박영희 교수는 제자들에게 이 마음가짐을 강조한다고 한다.

대가라면 대접받아 마땅한 위치이다. 그 높은 위치에 있는 사람이 사람을 대접한다는 마음으로 요리한다고

---

3 [K명장 열전](23) "한국 전통 맛과 멋 품은 한식 대가 박영희 교수", <연합뉴스>, 2020. 12. 13

한다. 미래 시니어 요리사가 반드시 배워야 할 점이다. 시니어는 사실 나이나 연륜으로 볼 때 대접받아야 할 세대이다. 주니어 시절 남을 대접하며 살아왔기에 대접받을 자격이 있다. 자격을 떠나 보통의 시니어라면 대접받고 싶은 마음이 드는 게 인지상정일 것이다.

그러나 그 마음을 억누르지 못하면 요리사로 살아가기 어렵다. 대접받고 싶은 시니어의 마음은 내려놓고, 남을 귀하게 여기고 진심으로 대접하는 요리사의 마음으로 임해야 한다. 한식 요리사는 더더욱 그렇다. 한식은 기본적으로 '한상 차림'이다. 상대적으로 음식 가짓수가 많고 요리하는 데 손도 많이 간다. 대접하려는 마음과 정성이 없으면 요리하기 힘들다. 달랑 국밥 한 그릇만 판다 해도 마찬가지다. 무성의하게 끓여낸 국밥이 맛있을 리 없다. 국물을 우려내는 일에는 시간이 걸린다. 그 시간 속에 대접하려는 마음을 담은 국밥이 손님에게 감동을 줄 것이다.

한식 요리사와 자격증

작은 음식점은 요리사 한 명이 주방을 운영하기도 한

다. 음식점 규모가 커질수록 요리사 수는 대체로 정비례한다. 또한 요리사가 여럿이 일하는 음식점은 대부분 계급이 존재한다. 군대처럼 계급명까지 있는 것은 아니지만, 규모에 따라 보통 주방장, 부주방장, 주방보조로 나뉜다. 새내기 요리사는 주방보조부터 시작해 높은 직위로 올라간다. 이는 요리사의 보편적인 성장 과정이다. 한식 업계뿐만 아니라 다른 업계들도 거의 비슷하다.

미래 시니어 요리사 가운데 주방보조부터 시작해 배우면서 성장하겠다는 꿈을 품는 사람도 있을 것이다. 그러나 현실적으로 그 꿈을 이루기가 쉽지 않다. 현장에서는 젊고 어린 요리사를 주방보조로 쓰기 원한다. 기업에서 나이 든 사람을 신입사원으로 뽑기 꺼리는 것과 비슷한 현상이다. 설거지나 음식쓰레기 처리 같은 허드렛일만 전담하는 주방보조의 경우 시니어를 뽑기도 하지만, 엄밀히 말해 이런 주방보조는 요리사가 아니다.

현장에서는 경력자를 선호한다. 출근하는 그날부터 손님을 만족시키는 요리를 내는 요리사를 원한다. 실제로 구인 광고들을 살펴보면 경력을 요구하는 경우가 많다. 여기서 문제가 생긴다. 미래 시니어 요리사는 애당초 경력이 없기 때문이다.

얼른 취업해서 경력을 쌓고 싶다면 자격증에 도전하는 것이 가장 빠르고 효율적인 방법이다. 한식 요리사로 일하는 데 필수는 아니지만, 자격증이 있으면 한결 유리하다. 경력과 무관하게 채용하는 곳에서는 보통 자격증 소지자를 우대한다. 합격률이 30~40퍼센트에 머물 만큼 쉽게 딸 수 있는 자격증이 아니기에 일단 실력을 인정받을 수 있다. 본인이 소규모 창업으로 음식점주와 조리사를 겸한다면 자격증은 없어도 된다. 다만 음식점 규모가 120㎡ 이상이라면 조리사 자격증이 필요하다. 채용 시에도 자격증 소지자를 뽑아야 한다.

미래 시니어 요리사는 한식조리기능사 자격증에 도전하면 된다. 이 자격증은 요리사 입문자를 위해 한국산업인력공단에서 만든 국가기술자격증이다. 응시 자격에 제한이 없으므로 누구나 도전할 수 있다.

한식조리기능사 자격증 취득 방법은 검정형, 과정평가형 두 가지다. 검정형은 한국산업인력공단에서 시행하는 정규 시험으로, 필기와 실기로 구성된다. 필기 과목은 한식 재료관리, 음식조리 및 위생관리이다. 실기는 직접 하는 조리작업이다. 검정형에 대한 자세한 사항은 한국산업인력공단의 국가자격시험 홈페이지(www.q-net.or.kr)에 나와 있다.

과정평가형은 국가가 지정한 교육훈련 기관에서 교육훈련 과정을 이수한 교육생에게 자격증을 주는 제도이다. 본인이 교육훈련을 받은 기관의 '내부 평가'와 한국산업인력공단의 '외부 평가'에 합격하면 자격증을 딸 수 있다. 내부 평가는 출석, 실기 등으로 이루어진다. 외부 평가는 필기와 실기로 나뉘는데, 필기보다 실기에 더 중점을 둔다. 과정평가형 국가기술자격 홈페이지(c.q-net.or.kr)에서 과정평가형의 평가 방법과 교육훈련 기관의 명단을 확인할 수 있다.

미래 시니어 요리사는 검정형과 과정평가형 중 자신에게 알맞은 제도를 선택하면 된다. 객관적으로 어떤 제도가 더 낫다고 보기는 어렵다. 검정형은 사법고시, 과정평가형은 로스쿨에 비유할 수 있다. 검정형은 일회성 시험을 치르고, 과정평가형은 400시간의 교육훈련을 받는다. 참고로 국민내일배움카드가 있으면 과정평가형 지원 시 교육비를 지원받을 수 있다. 국민내일배움카드는 직업훈련이 필요한 이들에게 훈련비용을 지원하는 카드이다. 고용노동부 직업훈련포털(www.hrd.go.kr)에서 국민내일배움카드를 신청할 수 있고, 아울러 사용이 가능한 교육훈련 기관도 알아볼 수 있다.

'기초생활수급자, 차상위계층, 기준 중위소득 65% 이하인 가구의 구성원'에 해당하는 시니어라면 평생교육바우처를 발급받아 수강료 지원을 받을 수 있다. 평생교육바우처는 국가평생교육진흥원에서 만 19세 이상 성인에게 제공하는 교육 복지 서비스다. 평생교육바우처 신청 방법, 사용 가능한 교육훈련기관은 평생교육바우처 홈페이지(www.lllcard.kr)에서 확인 가능하다.

교육, 취업, 창업, 어디에서 도움받을까?

자격증을 따든 안 따든 요리에 미숙하다면 우선 요리를 배워야 한다. 지자체에서 운영하는 요리 교육부터 시작해보는 것은 어떨까? 전국 지자체에서는 '퇴직자 요리 교실', '중년 남성 요리 교실' 같은 이름으로 시니어 요리 교육을 실시한다. 관련 공고는 각 지자체 홈페이지, 지역 신문, 유튜브, 인스타그램 등에 낸다. 서울에 사는 시니어라면 서울시50플러스포털(50plus.or.kr/)을 활용하자. 서울시는 50~64세 시니어의 인생 재설계를 돕기 위해 서울시50플러스재단을 만들었다. 해당 사이트에서는 각 지역의 50플러스센터에서 주관하는 요리 교실 정보들을 한눈에 볼 수 있다. 더불어 취업 상담과 일자리 알선 서비스도 받을 수 있다.

취업 상담과 일자리 알선 서비스는 서울의 경우 구에서 운영하는 일자리센터(명칭은 구마다 다름)에서도 제공한다. 서울 외 각 지방의 지자체도 일자리센터를 운영하므로 발품을 팔아 알아보자. 물론 그곳에 직접 찾아가야

서비스 이름	서비스 소개
구직자 훈련과정	신청자에게 국민내일배움카드를 발급해서 교육훈련 기관에서 직업 훈련을 받을 수 있도록 돕는 서비스
국민취업지원제도 일경험프로그램	취업 전 미리 일할 수 있는 경험을 제공해서 직장 적응력을 높일 수 있도록 돕는 서비스

만 하는 것은 아니다. 지자체마다 카카오톡 채널, QR 코드 같은 경로를 마련하고 있어 스마트폰으로 도움 창구에 편하게 접속할 수 있다. QR 코드의 경우 구형 스마트폰은 인식하지 못하는 경우가 있는데, 인터넷에서 '다음(Daum) 앱'을 다운로드 받으면 쉽게 해결된다.

고용노동부의 취업 정보 사이트 워크넷(www.work.go.kr)은 전국적인 도움 창구이다. 다음 표는 워크넷 홈페이지를 통해 직업 교육이나 취업 프로그램 찾는 방법을 정리한 것이다.

서비스 찾아가기	특기 사항
• 워크넷 홈페이지 [훈련정보] 카테고리 • 직업훈련포털 [훈련과정] 카테고리	실업자, 재직자, 자영업자 모두 신청 가능
• 워크넷 홈페이지 [국민취업지원제도] 배너 • 국민취업지원제도 홈페이지(www.kua.go.kr) [일경험] 카테고리	• 참여 기업에서 체험형(1개월) 또는 인턴형(3개월)으로 일경험. • 인턴형의 경우 기업과 협의하여 연장 근무 가능 • 시니어는 35~69세 구직자 중 중위소득 100% 이하인 사람만 신청 가능

서비스 이름	서비스 소개
중장년일자리 희망센터 전직스쿨프로그램	40세 이상 중장년 대상의 전직 및 취업 지원 서비스

60세 이상 시니어라면 '시니어 인턴십 사업'의 문을 두드려보자. 시니어 인턴십 사업은 만 60세 이상 시니어의 고용 촉진을 위해 기업에 인건비를 지원해 계속 고용을 유도하는 사업이다. 상세 정보는 한국노인인력개발원 홈페이지(www.kordi.or.kr)에서 볼 수 있다.

시니어클럽도 만 60세 이상 시니어를 위한 도움 창구이다. 사회복지단체인 한국시니어클럽협회는 전국에 걸쳐 193개(2022년 기준)의 지회를 운영한다. 각 지회 시니어클럽 정보는 한국시니어클럽협회 홈페이지(www.silverpower.or.kr)에 있다. 시니어클럽의 주요 서비스는 취업 상담과 일자리 알선이다.

경기도 파주시의 경우, 파주시니어클럽의 주도로 2022년 5월 시니어 한식 전문점을 열었다. 더불어 음식

서비스 찾아가기	특기 사항
• 워크넷 홈페이지 [중장년] 카테고리, [전직지원서비스] 카테고리 • 중장년 워크넷 홈페이지(work.go.kr/senior) [전직지원서비스] 카테고리	• 재직자도 신청 가능 • 한식 조리는 상설 교육이 아니며, 전국 각 지역 희망센터마다 교육 횟수나 내용이 다름

조리, 판매 등의 일을 할 60세 이상 시니어 20명을 모집해 일자리를 제공했다. 시니어 한식 전문점은 재가노인(고령이나 노인성 질환으로 일상생활을 하기 어려워 집에 머물며 살아가는 노인) 식사 배달, 한식 뷔페(점심)나 도시락을 판매하는 음식점이다.

신중년 특화과정도 꽤 실속이 있다. 신중년 특화과정이란 정부에서 만든 시니어 취업 지원 제도이다. 국책특수대학인 한국폴리텍대학의 각 캠퍼스에 신중년 특화과정이 있다. 한식 요리사를 꿈꾼다면 한국폴리텍대학 서울강서캠퍼스(www.kopo.ac.kr/kangseo) 외식조리학과의 문을 두드리면 된다. 만 40세 이상이면 지원이 가능하다. 교육 기간은 4개월이며, 교육비, 식비, 재료비가 모두 지원된다. 취업 알선을 받을 수 있다는 것도 큰 장점이다.

창업에 뜻을 두고 있는 시니어도 있을 것이다. 가장 손쉬운 방법은 프랜차이즈 창업이다. 점포가 소규모라면 한식조리기능사 자격증이 없어도 되며, 본사에서 실시하는 조리 교육만 받으면 된다. 하지만 본사의 갑질, 오너리스크, 브랜드 가치 하락 등의 원인으로 피해를 입을 수 있다. 기존 음식점을 인수하는 인수 창업도 쉬운 편이다. 다만 인수 시점과 다른 상황이 생길 수 있으므로 면밀한 조사와 분석이 필요하다.

한식을 포함한 음식점업 창업을 지원하는 제도는 적은 편이다. 익히 알려진 K-스타트업과 신사업창업사관학교 등의 창업 지원 창구에서는 음식점업을 제외한다. 물론 창구가 아주 없는 것은 아니다. 창업 컨설팅을 받을 수 있는 창구가 있는데, 대표적인 것이 소상공인시장진흥공단의 소상공인컨설팅 서비스이다. 임대차계약을 체결한 예비 창업자의 경우 해당 서비스를 통해 마케팅, 법률, 스마트 전환(배달앱 입점, 모바일 홈페이지 개발 등) 분야 등에 관해 지원받을 수 있다. 자세한 내용은 소상공인시장진흥공단 홈페이지(semas.or.kr)를 참고하자.

창업을 지원하는 사회적기업도 있다. 대표적인 사회

적기업으로 나눔창업센터를 들 수 있다. 나눔창업센터는 장애인, 저소득층을 중점적으로 돕는다. 일반인도 자체 기준에 맞으면 지원 대상에 포함한다. 자세한 정보는 나눔창업센터 홈페이지(www.formegirl.com)의 '창업지원안내' 카테고리를 클릭하면 볼 수 있다.

서울에 거주하는 시니어는 서울특별시 자영업지원센터의 창업컨설팅 서비스를 이용할 수 있다. 임대차계약 체결 상태가 아니더라도 예비 창업자면 신청이 가능하다. 창업 정보, 사업계획 수립, 상권 및 사업 타당성 분석 등의 도움을 받을 수 있다. 신청은 고객센터(1577-6119)에 전화하거나 자영업지원센터 홈페이지(www.seoulsbdc.or.kr)에서 할 수 있다.

한식 요리사의 장단점

"세상에 쉬운 일은 없다."라는 말에 누구나 동의할 것이다. 한식 요리사의 일도 결코 만만치 않다. 우선 노동 시간이 길다. 병원, 학교, 공공기관 등의 급식 시설은 상대적으로 짧지만, 일반 음식점의 경우 매장을 열고 닫을 때까지 보통 10시간이 넘는다. 주 5일 근무를 할 수 있는 환경도 아직은 미비해서 다른 직업에 비하면 전체 노동 시간이 꽤 길다.

노동 강도도 세다. 서서 일하는 시간이 많아서 하지정맥류를, 손목을 주로 써서 손목터널증후군을 앓을 확률이 높다. 칼에 베이거나 불과 기름에 화상을 입을 위험도 있다. 미각과 후각을 지키기 위한 자기와의 싸움도 치열하다. 두 감각이 망가지면 요리사로 일하기가 힘들다. 물론 불가능한 것은 아니지만 몇 배 더 힘든 싸움을 감수해야 한다. 요리사는 음식의 맛을 일정하게 유지해야 하고, 새로운 요리도 꾸준히 개발해야 한다. 미각과 후각이 기능을 잃으면 이를 실천하기 어렵다. 따라서 금연과 금주는 기본이고, 감각을 잘 유지하도록 건강을 잘 관리해야 한다.

공부할 것이 많다는 점은 단점이라기보다는 힘든 점이다. 한식은 식재료가 참 다양하다. 다른 나라 요리에 비해 반찬 가짓수가 많아 공부 거리가 많다. 한 예로, 양파의 경우 여름 양파는 다른 계절 양파보다 물기를 많이 머금는다. 이런 특성을 모르면 양파로 요리의 맛을 살리기 어렵다. 발전을 꿈꾸는 요리사라면 끊임없이 공부하고 연구하는 자세가 필요하다. 식재료에 대해 잘 알면 음식 맛을 일정하게 유지하는 데 큰 도움이 된다. 음식 맛이 들쭉날쭉 달라지면 손님은 당연히 외면한다.

한식 요리사라는 직업은 장점도 매우 많다. 먼저 건강

한 음식인 한식으로 누군가의 건강을 지킨다는 것은 큰 보람이다. 유명 한식 요리사들도 대체로 이 점에 자부심을 느낀다. 한식은 몸의 건강뿐만 아니라 마음의 건강도 지켜준다. 집밥의 맛으로 행복을 주면 먹는 사람도 마음이 건강해진다. 한국 사람이라면 대부분 어린 시절 어머니가 지은 집밥의 향수가 있기에 음식점에서 한식을 먹을 때 은연중 집밥과 비교한다고 한다. 그리고 집밥의 맛을 느꼈을 때 깊은 만족을 느낀다. 이 만족은 요리사에 대한 칭찬과 감사로 이어진다.

한식 요리사는 한국의 음식문화 발전에 이바지한다. 케이팝, 한국 영화 및 드라마 등 문화콘텐츠가 주목받으면서 한류 바람이 거세진 지 오래다. 덕분에 한국 문화에 대한 외국인들의 관심이 높아지면서 한국 음식에 대한 인기도 높아졌다. 2022년 9월에도 이를 증명하는 뉴스가 포털 사이트의 한 면을 장식했다. 할리우드 스타인 배우 마스 미켈센이 체코의 어느 한식집에서 혼삼(혼자 삼겹살 먹기) 하는 모습을 보도한 기사였다. 혼삼은 한국 사람도 잘 못하는 일이라 많은 사람들의 관심과 미소를 자아냈다.

한편 우리나라에서도 인기를 끈 미국 드라마 〈섹스 앤드 더 시티〉의 캣 데닝스는 떡볶이를 좋아해서 손수 조리하는 모습을 SNS에 올렸다. 떡볶이는 우리나라 사람들이 선호하는 솔 푸드(soul food)[4] 중에 하나이다. 또한 명의 월드 스타 기네스 펠트로는 김치 애호가로 알려져 있다. 그녀는 SNS에 김치전을 '김치 팬케이크'로 소개하기도 했다.

여러분이 개발한 한식을 월드 스타들이 즐겨 먹고, 그 한식을 파는 한식집이 세계 각국에서 문을 연다고 상상해보자. 그 음식을 개발한 요리사로서 가슴이 뛸 것이다. 자신이 국제적으로 인정받는다는 사실에, 한식 문화 전도사로 우뚝 선다는 사실에 직업인으로서 자부심이 생길 것이다.

---

4 영혼을 뜻하는 솔(soul)과 음식을 뜻하는 푸드(food)의 합성어. 본디 미국 남부 흑인들의 전통 음식을 뜻하는 단어였으나, 지금은 한 나라를 대표하는 음식이나 영혼의 안식을 주는 자신만의 인상적인 음식을 일컫는다.

한식 요리사 체험하기

한식 요리사로 본격적으로 활동하기 전에 내공을 좀 더 쌓고 싶다면 체험을 해보는 것도 괜찮다. 하지만 영업을 하는 음식점에서 체험 기회를 얻기는 매우 힘들 것이다. 결국 스스로 길을 뚫어야 하는데, 어떻게 해야 할까?

요리에 어느 정도 자신감이 붙었다면 팝업 식당(Pop-up)을 열어보는 것을 추천한다. 팝업 식당이란 광고, 이벤트, 캠페인 등을 목적으로 짧은 기간에 임시로 여는 식당을 뜻한다. 유명 식당에서 특별 행사로, 또는 유명 셰프가 신메뉴를 소개하는 목적으로 팝업 식당을 운영한다. 드물지만 요리사들이 기간제로 번갈아 참여해서 참신한 요리를 제공하는 전용 팝업 식당도 있다. 이런 식당의 행사에는 쿡방(요리 방송의 은어)을 하는 유튜버가 참여하기도 한다. 즉, 미래 시니어 요리사에게도 문이 열려 있다는 뜻이다. 다만 아직은 전용 팝업 식당이 보편화된 것은 아니기에 그 문이 좁은 편이다.

팝업 식당에 도전해보고 싶다면 뜻이 맞는 사람을 모아보자. 적당한 장소를 빌려 함께 팝업 식당을 운영한다면 소중한 경험이 될 것이다. 여럿이 함께하면 장소를 빌리는 비용을 나눌 수 있어서 경제적 부담을 덜 수 있다.

자원봉사나 재능기부도 요리사 체험으로 알맞다. 자원봉사센터나 청소년 복지 시설 등에 문의해서 요리 교실에 참여하면 본인이 가르치면서 배울 수 있다. 물론 요리에 대한 반응을 현장에서 바로 얻을 수 있어 큰 도움이 된다.

이력서와 자기소개서, 이렇게 써라!

취업을 하려면 이력서와 자기소개서는 필수이다. 한식 요리사도 예외는 아니다. 따라서 요리를 공부하는 틈틈이 이력서와 자기소개서 쓰기를 연습하는 것이 좋다. 한식 요리사만의 특별한 이력서 양식이 있는 것은 아니다. 양식 폼을 사거나 본인이 손수 만들면 된다. 이력서 쓰는 특별한 방법이 있는 것도 아니다. 보편적인 구직 이력서가 요구하는 기본만 지키면 된다. 즉, 기재 사항을 정확하고 간결하게 적는 것이 중요하다.

조리사 자격증이 아니더라도, 가령 자동차 정비 자격

증이 있다면 주저 말고 적자. '성실 점수'가 높아진다. "자동차 정비 배울 시간에 요리를 더 배웠어야지!" 하며 점수를 깎는 심사자가 없다고 단정할 수는 없지만, 대부분은 지원자의 노력을 높이 살 것이다. 같은 이유로, 수상 경력이나 근무 경력이 있다면 당당하게 드러내자. 단, 근무 경력이 모두 짧고 이직이 지나치게 잦다면 '인내 점수'가 깎일 우려도 있다. 특히 한식 요리는 인내를 요하는 분야이다. 만약 잦은 이직을 한 지원자라면 면접 때 솔직하게 상황을 설명하고 '인내와 성실'로 일하겠다는 점을 강조해보자.

규모가 작은 음식점이라면 자기소개서 없이 이력서만 요구하기도 한다. 이때는 이력서에 자기소개 칸을 만들어 소개글을 적는 것도 좋다. 다만 정식 자기소개서처럼 길게 쓰기보다는 간략하게 몇 줄만 적자. 애초 자기소개서를 요구하지 않았다면 양이 많은 글을 반기지 않을 가능성이 높다.

정식 자기소개서를 제출해야 한다면 어떻게 쓰는 것이 좋을까? 다음 사항은 꼭 넣어서 써보자.

● 자기소개서에 꼭 넣어야 하는 내용

① 한식 요리사가 되려는 이유

② 해당 업체 지원 동기

③ 가장 자신 있는 한식 요리

④ 업체에 도움을 줄 수 있는 신메뉴 아이디어

자기소개서에는 기본적으로 성장 과정, 성격의 장단점, 지원 동기 등이 들어간다. 단, 이 내용들은 짧고 간략하게 쓰도록 하자. 전체 분량도 업체에서 정해주지 않았다면 A4 2장 정도가 적당하다. 중요한 것은 눈에 띄어야 한다는 점이다. 다른 지원자보다 돋보이는 한 방이 필요하다. 그 한 방이 위 3번과 4번이 될 수 있다. 본인의 능력과 의욕이 드러나는 내용이므로 하나도 빠뜨리지 말고 꼼꼼하게 적어본다. 물론 내세울 수 있을 만큼 실력을 쌓는 것이 우선이다.

어디에서 일할 수 있을까?

새내기 시니어 요리사들의 일터

다음 글은 초등학교 급식 조리원으로 일하면서 조리기능사 자격증을 딴 엄마에게 보내는 딸의 편지이다. 딸의 입장에서 엄마의 하루 일과를 자세히 적어놓았다. 편지를 읽으면서 새내기 시니어 요리사들이 어떻게 일하는지 살펴보자.

사랑하는 엄마에게

우리 엄마가 2년 만에 목표를 이뤘네. 초등학교 급식 조리원으로 일하면서 조리기능사 자격증을 따다니, 역시 우리 엄마야. 정말 축하해요! 비록 일터에서는 아직 조리원이지만, 나라가 인정해주는 조리사가 되었으니, 어쨌든 신분이 높아졌네요.^^ 그렇다고 어깨에 힘주기 없기!
엄마의 하루를 곰곰이 되새겨봤어. 출근 시간은 8시이지만 7시 40분까지 가야 첫 업무인 식재료 검수를 할 짬이 난다고 했지. 검수 다음엔 8명의 동료들이 밥, 국, 생선, 튀김, 무침, 식재료 소독과 세척 등으로 조를 나눠 각자 맡은 바 임무에 돌입해. 소독과 세척은 식품안전관리인증(Haccp) 공정대로 시간과 횟수를 철저히 지켜서! 8시 30분에는 900인 분의 쌀을 씻어 밥을 안치고, 10시 30분에는 역시 900인 분의 국을 끓여. 이 모든 과정이 착착 진행돼야 배식에 차질이 안 생긴다고 했어.
학생들이 식사를 마친 1시 20분부터 30분 동안은 휴식시간. 이때 허겁지겁 밥을 먹고, 퇴근 전까지 남은 설거지와 청소 등 뒷정리를 해. 근데 쓰레기 치우는 것도 큰 일이라고 했지? 식재료 상자, 음식 포장 비닐, 간식 봉지를 손수레에 담아 대여섯 번 쓰레기장을 왔다 갔다 한다고 했으니…….

4시에 퇴근하면 곧장 요리 학원으로 직행, 파김치가 되어 돌아와서는 밀린 집안일까지 하는 우리 엄마! 정말 슈퍼 히어로만 가능한 일을 엄마가 해냈어. 이제 요리 학원은 안 다녀도 되니 좀 편해지려나?

문득 웃음이 난다. 억척스럽고 겁 없는 엄마지만 유난히 튀김 앞에서 작아지던 엄마의 모습이. 튀김은 손이 많이 가서 배식 시간을 못 맞출까 봐 늘 초조하다고 했잖아. 그래서 튀김 조만 되면 저절로 서두르게 되고, 그러다 기름에 데기도 하고. 급식실이 다습한 데다 환기도 엉망이라 200도가 넘는 튀김기 앞에서 씨름하는 건 진짜 씨름보다 더 힘들다고 농담처럼 말하던 엄마. 튀김을 다 하고 나면 어지럼증에 탈수 증상까지 겪는다면서 푸념하던 엄마. 그런 엄마에게 아무 도움도 주지 못해 미안해. 이 딸은 그저 엄마에게 박수만 보낼게.

참, 이제는 다른 곳에 조리사로 취업할 수도 있으니, 이직도 한번 고민해보세요. 좀 더 나은 환경을 만날 수도 있는 거니까.

엄마, 내가 엄마 자랑스러워하는 거 알지? 단지 엄마가 개미처럼 부지런히 살고 열심히 일하는 거, 그거 때문만은 아니야. 엄마가 자라나는 아이들에게 건강한 음식을 준다는 자부심으로 일한다는 거, 그게 진짜 이유야. 그런 마음을 가진 요리사는 스스로를 자랑스럽게 여길 자격이 있다고 생각해.

엄마, 자부심 잃지 말고 더 힘내세요! 내가 있잖아. 평생 엄마의 요리를 맛있게 먹어줄 사람!

엄마의 예쁜 딸 올림

"중장년 취업 '파란불' 상징, 한식조리기능사"(시니어 매거진 〈브라보마이라이프〉 (2022년 6월 30일 자)에 따르면, 자격증 취득자의 대다수는 학교, 병원, 기업 등의 집단 급식소에서 일한다고 한다. 실제로 구인 광고를 살펴보면 일반 음식점이나 호텔에서 시니어 요리사를 찾는 경우는 드물다. 음식점, 특히 호텔의 주방은 계급이 철저하게 나뉘기 때문에 나이 많은 사람을 꺼린다. 또한 전문성을 요구해서 전문대학 이상 조리 관련 학과 졸업자에게 더 많은 기회를 준다. 현실적으로 시니어는 집단 급식소에 기회가 더 많은 편이다.

집단 급식소의 조리사는 자격증이 있어야 하지만 조리원은 자격증 없이도 가능하다. 위 편지는 학교 조리원으로 일하면서 자격증을 딴 인물의 실제 사례를 바탕으로 재구성한 것이다. 중고등학교 급식실이나 병원 급식실에서 일하는 요리사들의 실정도 편지 속 주인공의 형편과 크게 다를 바 없다.

취업을 원한다면 다음 사이트를 참고하자.

- 조리사닷컴(www.zorisa.com)
- 푸드앤잡(www.foodnjob.com)
- 한국조리사협회중앙회(www.ikca.or.kr)
- 요리사닷컴(www.yoriyorijob.com)

창업이라는 돌파구

다음 글은 2022년 9월 23일 한국폴리텍대학교 공식 블로그에 소개된 S씨의 사례를 각색한 것이다. 블로그 기사의 제목은 〈삼성 사표 후 안 해본 게 없었다, 비로

소 찾은 행복은〉이다. 실제 사례에서 S씨는 2022년 봄에 떡집을 인수 창업했다. 어렵게 취업한 음식점에서 어려움을 겪었고, 그 후 창업을 돌파구로 삼아서 성공가도를 달리는 중이다. 물론 S씨는 떡집 사장님이자, 자기 손으로 직접 떡을 만드는 주방장이다.

창업을 선택한 S씨의 이야기를 들어보자!

세상 가장 소중한 아들에게

아들아, 이제야 네 앞에서 '조금' 떳떳해진 기분이다. 한국폴리텍대학 신중년특화과정을 다니며 한식조리기능사 자격증도 따고, 그곳에서 소개한 샤부샤부 음식점에 주방장으로 취업했을 때만 해도 너는 이 아빠에게 존경의 눈빛을 보냈었지. 근데 알고 있니? 내가 1년 만에 음식점을 그만두자 네 눈빛에 실망이 어렸던 것. 네 눈은 '대기업에서 일한 아빠가 힘든 식당 일을 견딜 리 없지.' 라고 말하는 것 같았다.

지금에야 털어놓지만, 샤부샤부 음식점에서 아빠는 줄곧 혼자 일했어. 오전 6시 채소 썰기부터 시작해 저녁

설거지, 온갖 허드렛일까지 오롯이 내 몫이었지. 이름만 주방장이었을 뿐이랄까? 그래도 가장의 책임감으로 버텼다. 하지만 코로나가 심해지자 사장님이 직접 주방을 맡겠다며 사직을 권하더구나. 너와 엄마가 걱정할까 봐 그동안 이 사실을 숨겼던 거란다.

아들아, 위기 뒤에 기회라는 말이 있지? 아빠는 위기에서 주저앉지 않았어. 동네 떡집에 취직한 건 위기를 기회로 삼기 위해서였어. 정말 처음부터 차근차근 배우려는 마음으로 열심히 일했다. 떡을 발효하고 찌는 과정 하나하나에 성심성의껏 임했어. 물론 신중년특화과정에서 떡 만들기를 배웠지만, 교육 현장과 삶의 현장은 또 다르니까.

어쨌든 아빠가 진짜 열심히 일하긴 했나 보다. 또 잘하기도 했고. 딱 6개월 됐는데, 사장님이 떡집 인수를 제안하더구나. 엄마와 의논 끝에 제안을 받아들이기로 했단다. 내일 정식으로 가게 계약을 할 거야. 아빠가 떡집 사장님이 된다, 이 말이다.

사랑하는 아들아, 아빠 더 열심히 할게. 너한테 '조금' 떳떳한 아빠가 아니라 '많이' 떳떳한 아빠가 되기 위해서.

늘 당당하고 싶은 아빠가

S씨는 창업으로 돌파구를 뚫은 인물이다. 창업 외에 창직도 돌파구가 될 수 있다. 라이나생명이 사회공헌 활동을 위해 세운 라이나전성기재단에서는 인터넷 시니어 매거진 〈전성기(www.junsungki.com)〉를 발행한다. 이 매거진의 한 면을 장식한 글 〈월수입 500만 원 이상, 발효음식 전문가 된 전직 교사〉에서는 창직으로 새 삶을 시작한 한식 요리사 이야기를 전하고 있다.

그 주인공인 L씨는 현재 56세 여성이다. 오십대 초반 교직에서 명예퇴직을 한 뒤, 현재 '로푸드 생활발효 전문가'로 활약 중이다. 로푸드(Raw food)란 자연 그대로 먹거나 저온으로 조리하는 음식으로, 효소가 살아 있는 것이 특징이다. 보통 로푸드는 생채소와 과일 중심의 서양식이 주류인데, 발효를 접목해 한국형 로푸드를 개발하는 것이 로푸드 생활발효 전문가의 일이다.

L씨는 교직 생활 내내 스트레스로 비만과 만성질환을 앓았다. 이에 건강관리 차원에서 발효와 요리에 대해 틈틈이 공부했다. 퇴직 후에는 본격적으로 공부에 매달려 쌀누룩을 이용한 발효 음료 개발에 성공했다. 그 가치를 인정받아 한국문화예술명인회의 로푸드 생활발효 명인 1호가 되었다. 현재 L씨는 클래스 중심의 공방형 발효 음료 카페를 운영 중이다. 나아가 로푸드 교육 프로그램 강사, 건강 카페 창업 컨설턴트로 활동 범위를 넓히고 있다.

한식 요리사의 미래

시니어 한식 요리사의 미래에는 빛과 그림자가 동시에 존재한다. 한류에 힘입은 한식 문화의 발전은 미래를 밝게 만든다. 고령화 사회의 증속, 1인 가구의 증가도 긍정적 요인이다. 워크넷의 '일자리 전망(2021년)'에서도 이를 주요인으로 꼽았다. 독거노인이나 혼자 사는 사람은 외식이나 매식(음식을 사서 먹음)으로 집밥을 대신하는 경우가 많기에 외식업을 촉진한다는 뜻이다. 또한 앞서 소개한 시니어 한식 전문점을 비롯해 지자체에서 저소득 노인에게 식사를 제공하는 경로식당, 푸드트럭, 밀키트 제조업체 등 다양한 형태의 관련 일자리가 점점 늘어나는 것도 희망적이다.

그러나 집단 급식소 외에 다른 일터에서 시니어 요리사를 선호하지 않는다는 점은 어두운 면이다. 이같은 현실은 주방 문화가 싹 바뀌지 않는 이상 상당 기간 지속될 듯하다. 요리사의 인기가 높아지면서 한식 요리사 지원자가 늘어난 것도 반가운 소식만은 아니다. 그만큼 경쟁이 심해졌기 때문이다. 남성보다 여성의 비율이 높기는 하지만, 재취업을 원하는 시니어에게 한식조리기능사 자격증은 가장 인기 있는 자격증 가운데 하나이다.

연봉이 그리 높지 않다는 점도 단점 중에 하나이다. 많은 미래 시니어 요리사들이 기존 직장에서 받은 임금보다 적은 액수에 진출을 망설일지도 모른다. 하지만 초짜는 최저 임금부터 시작할 각오를 해야 한다.

워크넷의 2021년 조사에 따르면 한식 조리사의 임금 수준은 다음과 같다.

- 하위(25%): 연 2,800만 원
- 중위(50%): 연 3,212만 원

• 상위(25%): 연 4,072만 원

임금 정보는 전체 연령대 한식 조리사의 평균값이다. 시니어 요리사만을 대상으로 한 것은 아니다. 다만 시니어라고 더 많이 받는 일은 없다. 대부분 무경력자이기 때문이다.

한식 요리사로 성공하고 싶다면

인생 2막을 연다는 부푼 기대로 한식 조리사 세계에 입문했지만 중간에 포기하는 사람이 꽤 많다. 임금은 낮고 일은 고되기 때문이다. 그래서 현장의 한식 요리사들은 일단 끈기가 필요하다고 입을 모은다. 적어도 5년은 버텨야 임금이 높아지고 대우도 좋아지기에 끈기를 가져야만 성공한다는 것이다.

그러나 끈기만으로 성공하기는 어렵다. 물론 그럭저럭 요리사의 삶을 이어갈 수는 있겠지만, 발전과는 거리가 멀어진다는 뜻이다. 성장하는 요리사가 되려면 기존 요리의 맛을 개선하는 것은 기본이고, 새로운 요리도 개발할 줄 알아야 한다. 개선과 개발은 공부하지 않고는 불가능하다. 새로 발간되는 요리책도 부지런히 읽고, 다른 요리사의 요리도 발품을 팔아 다니며 먹는 노력이 필요하다. 식재료와 건강에 관한 정보 서적도 필수다. 가령 궁합이 맞지 않는 식재료들로 새로운 요리를 개발한다면 손님의 건강을 해치는 결과를 초래하고 만다.

요리사에게는 의사소통 능력, 심리 파악 능력도 중요하다. 주방 동료들과 호흡을 맞춰 일해야 하고, 손님들이 만족하는 포인트를 잡아내야 하는데, 이런 능력이 부족하면 갈등이 생기기 쉽다. 갈등을 피하는 데 자기계발서와 심리학책을 읽는 것이 도움이 된다. 책을 읽을 짬이 안 난다면 유튜브, 인터넷 강의 등을 통해 필요한 능력을 키울 수 있다.

미적 감각을 키우는 것도 남보다 앞서는 방법이다. "보기 좋은 음식이 먹기도 좋다."라는 속담처럼 눈에 아름다운 요리는 손님의 마음을 살 확률이 높다. 만약 두 식당에서 파는 음식 맛에 차이가 없거나 가격대가 비슷하다면, 손님은 보기 좋은 한식을 내는 식당으로 발길을 돌릴 것이다.

끈기도, 공부도 중요하지만 마음가짐도 그에 못지않

게 중요하다. 앞서 소개한 떡집 사장님 S씨는 증편만큼은 우리나라에서 일인자가 되겠다는 포부를 품고 있다. 또 다른 편지의 주인공 '엄마'는 자라나는 아이들의 건강을 책임진다는 자부심으로 일한다. 이 두 사람의 직업 인생이 어떻게 펼쳐질지 단언할 수는 없지만, 적어도 뒷걸음질하지는 않을 듯하다.

정통 한식 요리사가 아니어도 괜찮아

떡은 당연히 한식이다. 다만 직업적 관점에서 떡을 별도 영역으로 보기도 한다. 한식조리기능사와 별도로 떡제조기능사 자격증이 있는 것도 같은 이유다. 참고로 떡집 사장님 S씨는 자신을 한식 요리사로 여긴다.

떡제조사가 한식 요리사인지 아닌지 따지는 일은 중요하지 않다. 중요한 것은 떡제조사를 진로로 삼아도 괜찮다는 사실이다. 떡제조기능사 자격증은 한국산업인력공단에서 관리하는 국가기술자격증이다. 따라서 국민내일배움카드로 교육기관에서 기술을 배울 수 있다. 하지만 한식 조리에 비하면 국민내일배움카드를 쓸 수 있는 곳이 적다. 시장의 크기가 상대적으로 작은 탓이다. 규모가 제법 있는 떡집들은 대부분 직원을 구한다. 많은 떡집 사장님들이 교육기관보다는 떡집에서 일하며 배우기를 추천한다. 밑바닥부터 시작해 6개월 정도만 고생하면 떡집을 차릴 수 있을 만큼 실력이 는다고 한다. 다만 새벽 5시에 나와 일할 각오를 해야 하는데, 많은 도전자들이 이 새벽 출근을 못 견뎌 6개월을 못 넘긴다고 한다.

떡집은 대기업 프랜차이즈 영향을 적게 받는 업종이다. 창업 비용도 다른 업종에 비해 낮은 편이다. 떡집 직원보다는 창업해서 사장님이 되기를 꿈꾼다면 동기부여가 되는 조건들이다. 인맥이 넓은 사람이라면 창업이 더욱 유리하다. 종교 행사, 결혼 및 장례 같은 경조사에 떡은 단골손님이다. 이런 행사들과 관련된 매출이 꽤 높은데, 인맥을 통해 구매가 이루어지는 경우가 많다.

라면 전문점 창업도 도전할 가치가 있다. 일단 매장 수가 적어 진입장벽이 낮다. 시판된 라면을 식재료로 쓰기 때문에 요리에 실패할 확률도 낮다. 물론 시판되는 라면을 그대로 팔면 손님이 붐빌 가능성도 낮아질 것이다. 닭 육수로 끓인다든가 순두부를 넣는다든가, 다양한 실험을 하며 새 메뉴를 개발하는 것은 필수다. 신메뉴 개발도 상대적으로 쉬운 편이다. 이것저것 그야말로 '실험정신'을 살려 넣어 끓이면 된다. 신메뉴 개발이 중요한 이유는 라면의 특성 탓이다. 라면은 자주 먹으면 질리는 음식이다. 똑같은 라면만 계속 팔면 손님은 쉽게 질릴 것이고, 그 순간 장사는 물 건너간다. 《한국형 장사의 신》의 저자이자 푸드 칼럼니스트인 김유진도 라면 전문점은 "손님이 싫증 내면 끝장"이라고 했다.

한식 요리사로서 어떤 길을 가든 선택은 본인의 몫이다. 그러나 무엇을 하든 '한다는 것 그 자체'에서 행복을 만날 가능성이 크다. 많은 시니어 요리사들이 일하면서 자존감이 높아졌다고 말한다. 늦은 나이에 무언가를 할 수 있는 자신이 대견하다고 고백한다. 무엇이든 해야 한다. 떡집 사장님 S씨는 한 인터뷰에서 이렇게 말했다.

"남들 출근하는 시간에 배낭에 막걸리 넣고 등산 가지 마세요. 할 일 많잖아요."

9급 조리직 공무원

조리직 공무원은 교육청에서 채용한다. 따라서 채용 공고도 교육청에서 낸다. 아쉽게도 채용이 활발하지 않은 편이며, 각 시도 교육청마다 채용 횟수도 다르다. 2022년에는 충남교육청, 충북교육청, 전남교육청, 경남교육청, 경북교육청 5개 교육청만 채용을 시행했다. 사실상 충북, 전남, 경남, 경북, 4개 교육청 외에는 정기적으로 채용하는 교육청은 없다고 보아도 무방하다.

공채에 응시하든 경채에 응시하든 조리사 자격증은 필수다. 여기서 조리사 자격증이란 한식, 일식, 중식, 양식, 복어 5가지를 의미한다. 이 5가지 분야 모두 자격증은 기능사와 산업기사로 나뉘는데, 산업기사는 기능사 자격증을 취득한 사람만 응시할 수 있다. 즉 미래 시니어 요리사는 기능사 자격증만 응시할 수 있다. 한식조리기능사든, 일식조리기능사든 자신 있는 분야에 뜻을 두면 된다. 뜻대로 자격증을 손에 넣었다면 공개 채용에 도전장을 내밀면 된다.

오직 조리직 공무원을 목표로 삼고 도전에 나서는 것은 조금 위험할 수 있다. 앞서 언급했듯 채용 기회가 적기 때문이다. 전국의 교육청들이 일제히 채용을 진행하는 것도 아니며, 거주지 제한 때문에 다른 지역 시험에 응시할 수 없다.

요리사에 뜻이 있다면 조리직 공무원도 선택지에 넣어 보자. 조리직 공무원 시험을 간략히 소개하면 다음과 같다.

조리직 공무원 시험, 이렇게 준비하자!

❶ 급수: 9급

❷ 소속 및 자격: 교육청 소속의 지방공무원

❸ 업무: 국공립학교, 교도소, 함정 등 국가기관 급식소

의 조리사(주방장) 역할, 급식소 내 사무 및 기타 업무 총괄

❹ 채용 방법: 공개 채용, 경력 채용

❺ 시험 과목

- 공개 채용: 국어, 한국사, 위생 관계 법규
- 경력 채용: 사회, 위생 관계 법규

❻ 응시 자격

- 공개 채용: 만 18세 이상 및 조리사 자격증 소지자
- 경력 채용: 조리사 자격증 소지자 및 2년 이상의 경력자

*경력 채용 응시자의 경력 조건은 지역마다 다르다. 한 예로, 경북교육청의 경우 3년 이상의 경력을 요구했다.

2장

일식 요리사

취미인 듯 직업인 듯

요리에 재미를 느끼는 방법

'뻔한공간'은 취업이나 이직을 고민하는 이들을 돕기 위해 다양한 분야 종사자들의 직업 이야기를 들려주는 유튜브 채널이다. 2021년 방송된 〈일식 요리사가 말하는 호텔 vs 개인업장 차이〉에 30대 초반의 일식 요리사 문상기 셰프가 출연했다. 10년 차 요리사인 그는 대학 호텔조리학과 출신이다. 그가 처음부터 요리사에 뜻을 두었던 것은 아니다. 대학을 가기 위해 여러 학과를 지원하면서 호텔조리학과도 목록에 넣었을 뿐이다. 다만 막연히 '요리가 재미있겠다'라는 생각을 했다고 한다.

일식으로 진로를 정한 것도 뚜렷한 목표나 큰 포부가 있어서는 아니었다. 그 시절 '이자카야(술과 음식을 파는 일본식 선술집)'가 유행했는데, 부모님이 그 유행의 흐름을 읽고 일식을 하면 먹고사는 데 문제는 없겠다며 권한 영향이 크다. 더구나 문상기 셰프는 군 시절 취사병으로 복무하면서 요리사의 길을 접을 마음까지 먹었다고 한다. 이유는 단순했다. 요리가 힘들어서.

졸업장만 따고 요리에 등 돌리려고 했던 호텔조리학과 학생 문상기가 결정적으로 마음을 고쳐먹게 된 계기가 있다. 바로 요리대회 출전이다. 그는 요리대회를 앞두고 사흘 내내 밤샘하다시피 준비하면서 시간 가는 줄 모르고 요리에 빠져들었다고 한다. 그때 진심으로 요리에 재미를 느꼈고 그 재미를 잊지 못해 요리사로 꿈을 정했다. 그리고 그는 꿈을 이뤘다. 호텔과 개인 음식점을 거치며 밑바닥부터 시작해 셰프의 자리에 올랐다.

문상기 셰프는 호텔조리학과 동기 40명 가운데 현재 6명만 요리사로 일한다고 말했다. 그만큼 요리사가 고된 직업이기에 남아 있는 사람이 얼마 안 되는 것이다. 다른 동기들의 속사정은 정확히 알 수 없지만 문상기 셰프가 계속 요리를 하는 이유는 분명하다. 요리가 재미있기 때문이다.

미래 시니어 요리사에게 '요리의 재미'는 중요하다. 재미는 새로운 일과 삶에 의욕을 북돋아주기 때문이다. 요리의 재미를 얻기 위해 취업 전 요리대회에 도전장을 내미는 것은 좋은 방법이다. 물론 고배를 마시면 낙담할 수도 있겠지만, 준비 과정에서 얻은 재미는 실제 요리사로 일할 때 큰 동력이 될 수 있다. 또한 그 과정에서 실력도 자연히 늘기 때문에 잃는 것보다 얻는 것이 더 많다.

단, 일식만을 주제로 경연을 펼치는 요리대회는 적은 편이다. 그러나 주제가 한식이어도 무방하다. 한식과 일식은 통하는 부분이 많기 때문이다. 삼계탕이나 파프리카처럼 특정 음식이나 재료를 주제로 한 요리대회도 망설일 이유가 없다. 참가를 준비하는 과정에서 새로운 아이디어를 얻을 수 있기 때문이다. 그 아이디어는 신메뉴 개발의 밑거름이 된다. 참고로 요리대회에 대한 정보는 대회 공모전 포털인 '콘테스트 코리아(www.contestkorea.com)', 요리대회 전문 사이트 '콘쿡(www.concook.co.kr)' 등에서 얻을 수 있다.

새로운 것은 기본에서 출발한다

요즘은 퓨전 일식집을 흔히 볼 수 있다. 그런데 퓨전 일식집이 지금처럼 자리 잡기 전에는 퓨전 일식을 부정적으로 보는 일식 요리사들이 적지 않았다고 한다. 이도 저도 아닌, 정통 일식을 망가뜨리는 음식으로 본 것이다. 때문에 새내기 요리사들이 퓨전 일식을 개발하거나 퓨전 일식집으로 이직하려 할 때 고참 요리사들은 자신만의 요리 색깔을 잃는다며 말렸다고 한다. 그러나 많은 이들의 우려와 다르게 퓨전 일식집은 새로운 트렌드로 성장했다. 많은 이들이 퓨전 일식을 즐기고, 많은 일식 요리사들이 퓨전 일식을 개발한다.

그렇다면 퓨전 일식의 성공 요인은 무엇일까? 저마다 다르게 분석할 수 있겠지만, '맛'이라는 점에는 대부분 동의할 것이다. 요리의 궁극적 지향점은 맛이다. 퓨전 일식에 도전한 요리사들은 요리 색깔보다는 맛에 더 가치를 두었다고 볼 수 있다. 《요리사가 말하는 요리사》의 공동 저자 김광래 셰프 또한 그런 사람이었다. 그는 "스타일 망가진다."라는 선배들의 만류에도 불구하고 퓨전 일식에 뛰어들었다. 맛있는 음식을 만드는 일을 정통 음식의 품격을 지키는 일보다 더 우선했다. 사실 퓨전은 절대 거창한 그 무엇이 아니다. 서로 다른 두 종류 이상의 것을 섞어 새롭게 만들면 퓨전이다. 한 예로, 어묵탕에 게를 넣어 국물 맛을 새롭게 하면 퓨전이다.

요리 세계에서 신메뉴 개발은 많은 요리사의 숙명이다. 셰프라는 직함을 가진 요리사 가운데 맨날 똑같은 요리만 하는 사람은 드물다. 한식, 일식, 중식, 양식 모두 마찬가지다. 개발하지 않는 요리사는 도태되기 십상이다. 음식문화의 교류가 활발해지고 다양한 음식이 쏟아지면서 사람들의 입맛도 자주 변하고 있다. 이런 분위기에서 요리사가 신메뉴 개발을 게을리한다면 발전을 기대하기 어렵다. 물론 신메뉴 개발이 쉬운 일은 아니다. 유명 셰프들도 신메뉴 개발에 실패를 겪는다. 실패의 아픔을 이겨내며 계속 도전하는 것뿐이다. 미래 시니어 요리사라면 자신이 변화를 꺼리는 성격인지, 모험을 두려워하는 성격인지 짚어볼 필요가 있다. 아울러 실패를 통해 발전하려는 마음가짐을 단단히 갖추는 것이 좋다.

2000년대 초반 인기를 끌었던 SBS 요리 예능 프로그램 〈결정! 맛대맛〉을 통해 이름을 알린 유희영 셰프. 그는 끊임없는 신메뉴 개발로 일식의 지평을 넓힌 인물이다. 야키우동, 참치타다키 등이 그의 작품이다.

여전히 왕성하게 활동하고 있는 유희영 셰프는 2015년 《맛있다, 밥》이란 요리책을 펴내기도 했다. 그가 밥에 집중한 이유는 "식사의 기본이 되는 밥"이 맛있어야 행복한 식사가 된다는 생각이 들었기 때문이다. 또한 요리사가 새로운 메뉴 개발에만 몰두하다 보면 자칫 기본을 잃을 수 있는데, 그런 실수를 저지르지 않기 위한 목적도 있었다.

유희영 셰프는 자기 생각과 목적에 따라 밥이 바탕이 되는 새로운 메뉴를 개발해 책에 수록했다. 책의 1장은 돈부리에 관한 것이다. 돈부리는 한 그릇 안에 밥과 조화를 이루는 다른 요리를 담은 음식이다. 유희영 셰프에 따르면, 이런 류의 음식은 "서민의 먹거리라 평가절하되는 경향"이 있다고 한다. 그는 저평가받는 돈부리를 맛과 영양이 조화를 이루는 그럴싸한 먹거리로 바꿔 놓았다. 기본에 특별함을 더한 것이다.

유희영 셰프의 사례는 미래 시니어 요리사에게 중요한 시사점을 던져준다. 상대적으로 늦게 시작하는 시니어는 주니어보다 성공에 대해 조급함이 앞설 수 있다. 그 조급함이 노력의 원동력이 될 수도 있지만 기본을 잃을 위험도 있다. 새로운 것은 기본에서 출발한다. 또한 기본은 변하지 않는다.

어렵지만 도전합니다

일식 요리사는 누구인가?

한국고용정보원이 발간한 《한국직업사전》에 오른 일식 요리사의 직업명은 '일식 조리사'이다. 일식 조리사는 일식 식당에서 각종 육류, 생선류, 면류 등의 일본식 요리를 조리하는 사람이다.

현장에서는 일식의 핵심을 생선회와 초밥으로 꼽는다. 생선회와 초밥은 일식 음식점에서 가장 인기 있는 메뉴이기도 하다. 따라서 일식 요리사로 입문하고 또 성장하려면 이 두 가지 요리만큼은 능숙해야 한다. 생선회와 초밥을 잘 만들려면 무엇보다 생선에 대해 잘 알아야 한다. 초밥의 주재료도 생선이므로 생선을 모르면 맛있는 초밥을 만들기 어렵다.

생선은 저마다 제철이 있다. 예를 들어, 우리가 흔히 먹는 참치(참다랑어)도 철마다 맛이 다르다. 북반구 쪽 태평양과 대서양에 서식하는 참다랑어의 제철은 10~2월이다. 반면 남반구 쪽 태평양과 대서양, 인도양에서 잡히는 남방참다랑어는 4~8월이 제철이다. 그 밖에 감성돔은 9~11월, 참돔은 11~5월을 제철로 본다.

제철 생선에 관한 지식을 갖춘 요리사는 손님에게 만족스러운 요리를 내는 데 한결 유리하다. 다만 양식으로 키우는 생선은 제철이 따로 없다. 자연산에 비해 맛은 다소 떨어지지만, 1년 내내 비슷한 맛이 난다.

요리사에게 식재료 검수 및 관리는 주요 업무 중 하나다. 생선은 날것인 상태이므로 더더욱 검수와 관리가 중요하다. 일식 요리사는 좋은 생선을 고르는 법, 생선을 싱싱하게 관리하는 법 등도 꼼꼼히 익힐 필요가 있다.

초밥은 생선도 중요하지만 밥을 맛나게 짓는 것도 중요하다. 첫 단계인 쌀 씻기부터 보통 밥 짓기와는 다르다. 세심하게 살살 문질러 씻어야 한다. 세게 씻으면 쌀이 부서지고, 그 상태에서 밥을 지으면 밥알이 끈적거려 실패한 초밥이 되고 만다. 밥은 지은 다음 온도 맞추기도 중요하다. 보통 37~40도 상태일 때 가장 좋은 맛이 난다. 유희영 셰프는 쌀을 씻은 뒤 물에 불리는 것을 권장한다. 그에 따르면 겨울에는 2시간, 봄가을에는 1시간 30분, 여름에는 1시간 동안 불리면 밥을 지었을 때 끈적거리는 것을 막을 수 있다고 한다.

미래 시니어 요리사는 기본에 충실해야 한다는 점을 앞서 강조했다. 일식의 기본인 생선회와 초밥을 요리하는 법을 잘 익히고 관련 지식을 쌓도록 하자. 기초가 튼튼하면 그만큼 성공 가능성이 커진다.

일식 요리사에게 필요한 능력

칼을 내 몸과 같이

1장 한식 요리사 편에서 한식 요리사에게 필요한 능력으로 체력과 정신력, 창의력, 대접하는 마음을 꼽았다. 이 세 가지는 한식 요리사뿐만 아니라 일식 요리사에게도 같이 적용된다. 이에 더해 일식 요리사에게는 칼을 잘 다루는 능력이 요구된다. 다른 분야 요리에 비해 칼을 많이 쓰기 때문이다. 일본 칼은 요리에 따라 다양하다. 육류용, 채소용, 회용, 초밥자르기용, 면발자르기용, 뱀장어가르기용 등 그 종류와 쓰임새가 다르다. 세세하게 분류하면 약 30종이라고 한다. 물론 이 칼들을 다 갖출 필요는 없고, 용도에 맞는 몇 가지만 있으면 무난하다.

경력이 많은 일식 요리사들도 칼을 쓰다 종종 다친다고 한다. 워낙 칼을 많이 쓰기에 잠깐만 방심하면 손을 베이고, 심한 경우 손가락이 잘리는 사고도 당한다고 한다. 따라서 경력이 얼마든 칼질만큼은 고도의 집중을 필요로 한다. 미래 시니어 요리사가 꼭 염두에 두어야 할 점이다.

칼을 잘 다루는 것 못지않게 잘 고르는 것도 중요하다. 칼을 잘못 고르면 요리가 그만큼 힘들어지기 때문이다. 칼을 고를 때는 기본적으로 손잡이부터 칼끝까지 반듯한지 확인해야 한다. 칼날에 흠이 없는지도 자세히 살펴야 한다. 또한 칼을 쥐었을 때 너무 무겁거나 너무 가볍지 않은 것이 좋다. 위아래로 흔들었을 때 손잡이가 움찔한다면 그 칼은 빵점짜리다.

칼을 잘 보관하는 것도 요리사에게는 필수 업무다. 사용한 칼은 바로 씻은 다음 물기까지 말끔히 닦아 보관한다. 한편 회칼의 경우 한 달에 한 번 칼날을 가는 것이 좋다. 회칼은 예리함이 생명이기 때문이다.

예의 바르게 소통하기

일식집은 대체로 요리사와 손님의 거리가 가깝다. 흔히 '다찌'라고 부르는 카운터석을 운영하는 곳이 많기 때문이다. 카운터석에서는 손님과 요리사가 거의 마주 보고 있다. 요리사가 손님의 음식 평가를 바로 전달받을 수 있는 구조이다. 손님의 평가가 호평이라면 요리사에게는 기분 좋은 일이지만, 혹평이라면 가슴 쓰린 일이다.

중요한 것은 손님이 호평을 하든 혹평을 하든 예의를 갖춰 응대해야 한다는 점이다. 칭찬받았다고 우쭐해서도 안 되고, 비판을 받았다고 날을 세워서도 안 된다. 물론 도가 지나친 욕설이나 비난을 받았을 때도 무조건 굽신거려야 한다는 뜻은 아니다. 다만 이때도 최소한의 예의는 지키는 것이 바람직하다. 같이 욕을 하거나 반말로

맞서는 행동은 길게 볼 때 손해이다. 요리는 결국 서비스업이고, 요리사는 서비스 제공자이다. 요리사가 손님과 다투면 요리사의 잘못이 없어도 음식점의 분위기는 나빠질 수밖에 없다. 그런 분위기는 손님의 발길을 멀어지게 만든다.

앞서 소개한 김광래 셰프는 자연산 회를 양식 회라고 우기는 손님, 일본에 한 번도 안 가본 사람이라며 비꼬는 손님, 참치의 고급 부위가 없다고 항의하는 손님 등 다양한 손님을 만났다고 한다. 놀라운 것은 그런 손님이 결코 적지 않다는 사실이다. 김광래 셰프는 공격적인 손님을 상대하는 나름의 방법을 갖고 있다. 거짓말로 손님의 비위를 맞추기보다는 사실만을 말하는 것이다. 솔직하게 말하고 이해를 구할 때 손님이 부드러워지는 경우가 더 많다고 한다. 미래 시니어 요리사가 꼭 새겨야 할 점이다.

요리사가 먼저 다가가는 것도 소통의 한 방법이다. 따뜻한 인사와 함께 식재료 소개나 맛있게 먹는 법 등을 간단히 알려주면 좋다. 손님이 대화에 호응하면 날씨, 스포츠 같은 가벼운 주제로 대화를 이어가는 것도 괜찮다. 부드러운 대화가 음식과 어우러지면 손님은 한결 즐거운 마음으로 식사를 할 수 있다. 즐거운 식사를 한 손님에게 그 식당과 요리사는 좋은 기억으로 남을 것이다.

일식 요리사와 자격증

한식 요리사와 마찬가지로 일식 요리사도 반드시 자격증이 있어야 하는 것은 아니다. 다만 자격증이 있으면 취업에 유리하다. 여기서 잠깐 한국산업인력공단이 만든 조리사 자격증에 대해 알아보자.

국가가 관리하는 조리사 자격증에는 한식, 일식, 중식, 양식, 복어, 조주 등 6가지가 있다. 이 중 한식, 일식, 중식, 양식 자격증은 기능사, 산업기사, 기능장 3단계로 나뉜다. '기능사'는 응시 자격 제한이 없는 기초 자격증이다. 기능사 자격증이 있어야만 다음 단계 시험에 응시할 수 있다. 복어는 기능사-산업기사 2단계로, 조주는 기능사로만 구성되어 있다.

일식 요리사를 꿈꾸는 시니어는 일식조리기능사 자격증에 도전하면 된다. 취득 방법은 한식 요리사처럼 검정형과 과정평가형이 있다. 관련 정보 역시 검정형은 한국산업인력공단의 국가자격시험 홈페이지(www.q-net.or.kr), 과정평가형은 과정평가형 국가기술자격 홈페이지(c.q-net.or.kr)에서 볼 수 있다. 과정평가형 지원 시 국민내일배움카드로 교육훈련을 받을 수 있다는 점도 동일하다. 국민내일배움카드 및 교육훈련 기관에 관한 정보는 고용노동부 직업훈련포털(www.hrd.go.kr)에 나와 있다. 아울러 평생교육바우처 혜택도 한식 요리사 지망생과 똑같이 받을 수 있으니 대상자는 꼭 활용하자.

조리기능사 시험은 필기와 실기로 이루어진다. 한식과 일식의 실기시험 메뉴는 다음과 같다.

한식 실기시험 메뉴(31가지)	일식 실기시험 메뉴(19가지)
비빔밥, 콩나물밥, 장국죽, 완자탕, 생선찌개, 두부젓국찌개, 제육구이, 너비아니구이, 더덕구이, 생선 양념구이, 북어구이, 섭산적, 화양적, 지짐누름적, 풋고추전, 표고전, 생산전, 육원전, 두부조림, 홍합초, 겨자채, 도라지생채, 무생채, 더덕생채, 육회, 미나리강회, 탕평채, 잡채, 칠절판, 오징어볶음, 재료 썰기	갑오징어명란무침, 도미머리맑은국, 대합맑은국, 된장국, 도미조림, 문어초회, 해삼초회, 소고기덮밥, 우동볶음(야키우동), 메밀국수(자루소바), 삼치소금구이, 소고기간장구이, 전복버터구이, 달걀말이, 도미술찜, 달걀찜, 생선초밥, 참치김초밥, 김초밥

한식과 일식 모두 실기시험은 보기 메뉴에서 2개 메뉴가 과제로 제시된다. 시험 시간은 70분이다. 일식 메뉴는 19가지로 한식 메뉴보다 12가지 적다. 그렇다고 시험이 쉬운 것은 아니다. 일식조리기능사 합격률도 한식조리기능사 합격률과 엇비슷하다. 한국산업인력공단 자료에 따르면, 1983년~2021년까지 일식조리기능사 합격률은 29.7퍼센트, 한식조리기능사는 34.8퍼센트이다.

자격증에 도전할 계획이라면 한식부터 익히는 것이 바람직하다. 밥, 국, 생선 등 한식과 일식은 그 바탕이 비슷하기 때문이다. 그렇다고 한식 실기시험 메뉴 31가지를 모두 익혀야 한다는 말은 아니다. 물론 그러면 더 좋겠지만, 그건 여간 어려운 일이 아니다. 기본 식재료에 대해 이해하고, 그것으로 간단한 요리를 할 수 있을 정도면 충분하다. 요리를 배우기에 가장 알맞은 공간은 부엌이다. 부엌에 들어가기를 절대 주저하지 말자.

교육, 취업, 창업, 어디에서 도움받을까?

서울시50플러스포털을 비롯해 지자체에서 실시하는 일식 요리 교육은 드물다. 그래도 취업 상담과 일자리 알선 서비스는 받을 수 있으니 문의해보자. 교육을 위한 창구로는 워크넷(www.work.go.kr)의 구직자 훈련과정이 접근성이 좋다. 한식 요리사 편에서 설명한 대로 접근하면 된다. 그런데 워크넷의 국민취업지원제도 일경험프로그램은 일식의 경우 아직 활성화되지 않았다. 참여 기업이 적기 때문인데, 이는 일식 시장이 한식에 비해 작은 탓이다. 2022년 10월 한 달만 비교할 때 교육생을 모집한 한식 참여기업은 53곳, 일식은 2곳뿐이었다. 또한 중장년일자리희망센터 전직스쿨프로그램에서도 일식 관련 교육 프로그램은 찾아보기 어렵다.

취업을 돕는 창구 역시 사정은 별반 다르지 않다. 만 60세 이상 시니어를 위한 시니어 인턴십도 일식 분야는 그리 활발하지 못하다. 한국폴리텍대학의 신중년 특화과정에도 일식은 없다(2022년 기준). 현실적으로 시니어가 일식 요리사로 활동할 수 있는 무대가 좁기 때문으로 보인다.

창업에 관해서는 한식 요리사 편에서 소개한 소상공인시장진흥공단의 소상공인컨설팅 서비스(semas.or.kr)를 통해 도움받을 수 있다. 장애인이나 저소득층이라면 나눔창업센터(www.formegirl.com)의 문을 두드려보자. 서울 거주자 시니어에게는 서울특별시 자영업지원센터의 창업컨설팅 서비스(www.seoulsbdc.or.kr)의 문이 열려 있다.

직업을 연습합니다

일식 요리사의 장단점

강도 높은 노동, 장시간 노동, 부상 위험, 개인 시간 부족 등은 모든 분야 요리사의 공통된 애로사항이다. 경직된 위계질서 역시 요리사를 힘들게 하는 요인 가운데 하나이다. 일식의 경우 상대적으로 위계질서가 더 철저하다고 한다. 예의를 중시하는 일본 문화가 일식집 주방에도 영향을 미치기 때문이다.

일식 요리사 문상기 셰프는 일식 요리사에 입문하면 선배에게 예의를 지키고 도 넘는 행동을 하지 말라고 주문했다. 본인도 선배에게 장난을 쳤다가 야단맞은 경험이 있다고 한다. 기본 행동 예절뿐만 아니라 업무 예절도 꼭 지켜야 한다. 주방에서 자기 직급을 넘어서는 행동을 하면 안 된다. 가령, 채소 썰기를 맡은 초보 요리사가 마음대로 생선을 잡는 일은 금물이다. 살아서 팔딱거리는 생선을 자칫 어설프게 다뤘다간 주방이 아수라장이 될 수 있다.

이같은 엄격한 선후배 관계는 장점으로 작용하는 면도 있다. 일식 업계는 바닥이 좁은 편이라 인맥의 영향력이 크기 때문에 선배가 착실하고 '예의 바른' 후배를 끌어주는 일이 많다. 이직할 때 소개나 추천하는 방식으로, 또 창업을 할 때 시장에 대한 정보를 주는 방식으로 도와준다는 것이다. 같은 직장에서 일하는 동안에는 본인만의 노하우를 가르쳐주기도 한다. 공들여 개발한 자신만의 메뉴를 공유하기 꺼리는 요리사가 적지 않은데, 후배의 성장을 위해 아낌없이 전수하는 것이다.

지금까지의 이야기는 사실상 젊은 새내기 요리사에게 해당한다. 미래 시니어 요리사는 빡빡한 위계질서의 틈을 비집고 취업하기가 힘들다. 대다수의 일식 요리사가 처음일 것이기에 더욱 그렇다. 그렇다고 인맥의 혜택에서 완전히 제외되는 것은 아니다. 시니어에게는 시간제 아르바이트라는 창구가 있다. 시간제 요리사로 들어가 어린 선배들을 깍듯이 대하며 열심히 일하면 혜택을 누릴 수 있다. 요리 기술을 전수받는 기회도 얻을 수 있다.

앞서 말했듯, 일식집은 요리사와 손님의 거리가 가까운 경우가 많다. 이는 소통 면에서 장단점이 있다. 또한 위생에 관해서도 장단점을 지닌다. 일식은 날것을 다루는 일이 많아 위생에 더욱 신경 써야 하는데, 손님과 가까운 환경도 위생에 촉각을 곤두서게 만드는 요인이다. 조리 도구와 조리 모습이 고스란히 드러나기 때문이다. 위생에 신경을 기울이는 것은 당연한 일이지만 이것이 공개되어 있다는 사실에 더욱 중압감이 들고 피곤하다. 피로도가 높아지면 일은 더 힘들어진다. 그러나 위생 상태가 좋으면 결국은 요리사에게 득이 된다. 싱싱한 음식, 깔끔한 음식으로 손님의 만족도를 높일 수 있기 때문이다.

일식 요리사 체험하기

김상일 셰프는 이자카야를 운영하며 주방도 맡는 오

너 셰프다. 군 제대 후 2005년에 방송영상 편집을 공부하러 일본에 유학 갔다가 요리사로 진로를 바꾼 특이한 이력을 갖고 있다. 일본의 한 고깃집에서 아르바이트를 하다가 요리의 매력에 빠진 것이 결정적 계기였다. 처음에 그는 설거지와 청소 같은 허드렛일만 하다가 성실함 덕분에 수프와 샐러드를 만드는 기회를 얻었다고 한다. 이후 고깃집에서 가장 인기 없는 메뉴 한 가지를 맡게 되었는데, 의외로 손님들의 반응이 좋아 요리에 희열을 느꼈다고 한다.

8년째 오너 셰프의 삶을 살고 있는 김상일 셰프는 개성 있는 요리로 많은 사랑을 받고 있다. 그의 이자카야에서는 모둠회 같은 정통 일식과 명란 스파게티 같은 특색있는 요리를 모두 즐길 수 있다. 그가 정통 일식에만 국한하지 않고 다양한 요리 세계를 펼치고 있는 덕분이다. 김상일 셰프에게 정통 일식은 참신한 아이디어의 바탕일 뿐이다. 한때 인기 메뉴였던 '명란버터감자'도 일본에서 비슷한 요리를 먹은 뒤 새롭게 개발한 것이라고 한다.

김상일 셰프처럼 유학을 갈 수 있다면 좋겠지만 여건

이 안 되는 시니어가 더 많을 것이다. 책임져야 할 가족, 당장 내려놓을 수 없는 생계, 나이와 건강 등 여러 가지가 걸림돌로 작용할 것이다. 유학은 못 가더라도 김상일 셰프처럼 시간제 아르바이트를 해보면 어떨까? 일식집이면 좋겠지만, 일식집을 못 구하면 다른 분야 음식점도 괜찮다. 그곳에서 열심히 하면 기회와 아이디어를 구할 수 있을 것이다.

자원봉사 및 재능기부도 유익한 체험 기회가 된다. 일례로 2022년 10월 경기 포천시 장애인가족지원센터에서는 청장년층 발달장애인을 위한 요리 교육을 시행했다. 그들의 자립과 사회 적응을 돕기 위한 평생교육사업이었다. 이 사업에 많은 자원봉사자가 함께했고, 참여한 발달장애인들은 한식, 일식, 양식 등 다양한 요리를 배울 수 있었다.

한편 장애인가족지원센터에서는 자원봉사활동과 후원에 관심 있는 사람의 연락을 기다린다고 했다. 요리를 하면서 뜻깊은 일도 하고 싶다면 사회복지 기관의 문을 두드려보자. 대접의 의미를 배울 수 있는 기회가 될 것이다. 대접하는 마음은 미래 시니어 요리사가 지녀야 할 의미 있는 덕목이다.

유학을 위한 조언

이 책에서 말하는 유학이란 꼭 외국의 요리학교에 입학하는 것만을 의미하지는 않는다. 현지에서 요리사로 일하는 것까지 포함한다. 유학에 대한 일식 요리사들의 생각은 저마다 다르다. 일일이 나열하긴 어렵지만 한 줄로 요약하면 "가면 좋지만, 꼭 안 가도 된다."이다.

먼저 '꼭 안 가도 되는 이유'는 무엇일까? 지금은 레시피를 쉽게 구할 수 있는 시대이기 때문이다. 요리사(한국의 일식 요리사든, 일본의 일식 요리사든)들이 블로그나 유튜브로 요리법을 알려주고 있다. 이를 참고해서 자신만의 메뉴를 개발하면 얼마든지 요리사로 성장할 수 있다.

또 한 가지 이유는 우리나라에서도 다양한 일식 요리를 체험할 수 있다는 점이다. 물론 일본 현지만큼은 아니지만, 정통 일식집부터 퓨전 일식집까지 일할 수 있는 곳이 넉넉하기에 어디든 소속만 된다면 충분히 역량을 키울 수 있다. 맛집 순례도 도움이 된다. 실제로 많은 일식 요리사들이 자기 계발을 위해 맛집 순례를 하고 있다.

유학을 다녀오면 한국에 돌아와서 취업에 유리한 것은 틀림없다. 기간은 꼭 길지 않아도 된다. 1년 정도만 다녀와도 좋다. 그런데 유학파 일식 요리사들이 입을 모아 하는 말이 있다. 유학을 꿈꾼다면 가능하면 언어부터 익히고 떠나라는 것이다. 우선 언어가 안 되면 수업을 따라가기 힘들다. 현지에서 일자리를 구하기도 어렵다. 일본 음식점 사장이 일본어를 못하는 한국 요리사를 뽑을 리가 없다. 김상일 셰프도 언어 실력이 부족해 가는 곳마다 외면당하고 겨우 고깃집 아르바이트 자리를 얻었다.

설사 사장이 뽑는다 해도 주방 요리사가 말이 안 통하는 한국 요리사에게 과연 일을 맡길까? 본인들 일 하기도 눈코 뜰 새 없이 바쁘기에 잘 가르쳐주지도 않는다. 허드렛일만 하다가 시간만 낭비하기 십상이다. 물론 열정이 있다면 일을 시키지 않아도 어깨너머로 배울 수 있다. 그것도 도움이 된다. 하지만 설움을 견디며 배워야 하는 것은 전적으로 본인 몫이다.

원대한 꿈을 가진 미래 시니어 요리사라면 유학의 꿈

도 품어볼 만하다. 우선 우리나라에서 일자리를 찾고, 어느 정도 자리를 잡은 뒤 개인 연수 형식으로 다녀오는 것도 한 방법이다. 하지만 어떤 형태의 유학이든 상대적으로 불리한 조건에서 시작해야 한다는 것은 감수해야 한다.

어디에서 일할 수 있을까?

새내기 시니어 요리사들의 일터

다음 글은 몇 가지 실제 사례를 모아 가상의 일기로 재구성한 것이다. 쉽지 않은 취업의 현실 속에서 어떤 마음가짐으로 취업을 준비하고 일해야 하는지 생각해보자.

2022년 10월 31일 월요일 맑음

오늘로 요리사로 일한 지 2년이 되었다. 채소 썰기는 이제 달인의 경지에 이르렀다. 하하하. 내일부터 생선회를 맡는다. 솔직히 떨리지만, 일식조리기능사 자격증을 준비할 때 느꼈던 손맛을 아직 잊지 않고 있다. 그때도 난 회를 잘 떴다. 거뜬히 해낼 거다. 나를 믿자!

오늘따라 내 자격증이 더 빛나 보인다. 고맙다, 자격증! 네 덕분에 실력과 성실성을 인정받아 취직할 수 있었어. 일본 음식점 '빨간 다다미'. 나를 일식 요리사로 살게 해준 곳이다. 시간제 아르바이트로 시작해서 정직원이 되기까지 10개월이 걸렸다. 나이 많은 나를 인정해준 사장님과 주방장님에게 고마울 따름이다. 빚진 마음이다. 이 빚을 갚으려면 더 열심히 노력해서 훌륭한 요리사가 되어야 한다. 두 분에게 정말 고마운 건 내 꿈을 응원해준다는 점이다. 5년 뒤 나는 꼭 내 가게를 차릴 거다.

수습 때가 생각난다. 3개월 동안 190만 원 받고 일했던 시절. 그 돈을 받고 어떻게 먹고사나 걱정했다. 믿고 지지해준 아내가 없었다면 나는 쉽게 무너졌을지도 모른다. 1년째 되는 날 통장에 찍힌 260만 원을 보고 얼마나 먹먹했는지…….

먹먹함을 간직한 채 또 1년을 보냈다. 그리고 내일 새로운 1년이 시작된다. 새출발이다. 초심을 잃지 말고 열심히 하자. 열심히 살자!

시니어의 일자리는 한식이나 일식이나 크게 다르지 않다. 집단 급식소가 대부분이다. 일식 조리사 자격증이 있으면 집단 급식소에 조리사로 취업할 수 있다. 단, 집단급식 시설의 음식 특성상 한식 조리사 자격증이 상대적으로 우대받는다.

일반 음식점과 호텔에 들어가기는 어렵다. 그 이유는 한식 조리사 편에서 언급한 대로다. 특히 호텔은 정년이 정해져 있는 곳이 많아 신입으로 들어가기가 더 힘들다. 호텔마다 차이는 있지만 대체로 55세가 정년이다. 일반 음식점이든 호텔이든 취업이 만만치 않지만 그래도 희망을 갖자. 시간제 조리사의 문은 비교적 열려 있는 편이다. 시작은 미약하지만, 본인 하기에 따라 그 끝은 창대할 수 있다.

위의 일기는 실제 사례를 바탕으로 재구성한 것이다. 사례의 주인공들은 아직 한창 달리고 있는 중이다. 따라서 지금 끝을 말하기에는 이르다. 다만 창대한 끝을 조심스레 전망해볼 수 있다. 열심히 앞을 향해 달리고 있으므로.

한편 취업을 원한다면 아래 사이트를 참고하자.

- 조리사닷컴(www.zorisa.com)
- 푸드앤잡(www.foodnjob.com)
- 한국조리사협회중앙회(www.ikca.or.kr)
- 일식조리사닷컴(www.일식조리사.com)
- 요리사닷컴(www.yoriyorijob.com)

창업이라는 돌파구

다음 글은 시니어들의 창업 사례를 일기 형식으로 재구성한 것이다. 아마도 그들의 성공 비결에 놀라게 될지 모른다. 아주 특별하면서도 아주 평범하기 때문이다.

2023년 1월 6일 금요일 흐림

'행복 돈부리'가 오늘로 2주년을 맞이했다. 뿌듯하다. 2

주년 특별 메뉴로 내놓은 연어스테이크돈부리가 손님들에게 인기가 많아서 기분이 더 좋다. 16년 다닌 회사를 희망퇴직하고 설렘 반, 두려움 반으로 시작한 '행복돈부리'. 앞으로 같이 행복을 일구어 나갔으면 좋겠다.

오늘 아들이 물었다. 2년 동안 버틴 비결이 뭐냐고. 통계청에 따르면 음식점이나 숙박업소의 절반이 창업 2년 만에 문을 닫고, 80퍼센트는 5년을 못 넘기고 폐업한단다.

"아빠는 1차 고비는 넘겼는데, 아직 '5년'이라는 2차 고비가 남았잖아요. 지금까지의 성공 비결을 잘 발전시켜 나가야 남은 3년을 버티지 않겠어요?"

나는 아들의 질문에 버벅대며 대답을 잘하지 못했다. 특별히 내세울 만한 나만의 비결이 없었던 탓이다. 그런데 문득 아들에게 할 말이 생각났다.

아들아, 뒤늦게 아빠의 일기장에 비결을 써본다. 네가 비결이라 인정해줄지는 모르겠지만.

아들아, 아빠는 부지런했다. 최고의 식재료를 고르려고 매일같이 새벽시장에 나갔어. 시장에서 구할 수 없는 재료는 가능한 한 최상급으로 구입했다. '행복 돈부리' 돈가스가 제주에서 직접 공수한 흑돼지인 건 너도 알지? 늘 맛있게 먹었으니까.
입맛 트렌드를 따라가기 위해 신메뉴 개발에도 구슬땀을 흘렸다. 메뉴 하나 개발하는 데 보통 열흘이 걸렸지. 실패한 게 더 많아 부끄럽긴 하지만, 그래도 수많은 실패가 성공의 바탕이 되었다는 걸 꼭 말해주고 싶구나.
일식집의 구조적인 장점, 그러니까 손님과의 거리가 가깝다는 장점도 최대한 살렸어. 주고객인 대학생들은 아무래도 취업 걱정, 연애 걱정, 군대 걱정 들이 있잖아. 그런 걱정들 잘 들어주고 공감도 해주니 단골들이 많이 생겼다.
아, 돈부리집으로 창업한 게 어쩌면 가장 핵심적인 비결인지도 모르겠다. 대학가에 적은 비용으로 창업하다 보니, 만만한 게 없었다. 그런데 나도 대학 시절 '싸고 맛있는' 음식을 원했던 기억이 나더라. 그 기억 덕분에 돈부리집이라는 아이디어가 떠올랐다. 어떠냐? 이 정도면 비결이라고 할 수 있겠지?

아들은 올해 고3이 된다. 진로에 대해 진지하게 고민할 때다. 새 학기가 시작되면 이 일기를 보여주며 깊은 대화를 나눠야겠다. 일기를 공개하는 건 부끄럽지만 아들을 위해서 감수해야지. 아들아, 다른 날의 일기는 절대 비공개다!

창업은 취업이 어려운 시니어 요리사에게 돌파구가 될 수 있다. 성공 비결은 의외로 단순하다. 일식조리 교육, 도서 출판, 창업지원 등의 사업을 주목적으로 하는 일식조리기술원의 김용호 대표는 자신의 유튜브 방송 〈음식점 창업, 결국엔 망할 수밖에 없는 것인가?〉에서 다음과 같이 말했다.

"본인이 조금만 창의적인 생각을 갖고 있다면 얼마든지 성공할 수 있습니다. 단 한 가지, 정말 부지런해야 합니다. 부지런하지 않으면 절대 성공할 수 없습니다."

김용호 대표는 요리사의 기본을 강조한 것이다. 창의력, 근면은 요리사의 기본이다. 물론 다른 직업에서도 마찬가지겠지만.

일식집 창업 아이템은 다양하다. 우동, 튀김, 초밥, 회, 일본 라면, 이자카야 등 자신에게 맞는 아이템에 주력하면 된다. 여러 가지 아이템보다 한두 가지 아이템에 집중하면 창의력을 낼 수 있는 여력이 더 생긴다. 또한 어떤 아이템으로 창업을 하든 홀 장사만 고집하기보다는 배달, 테이크아웃, 밀키트 등을 고려해보자.

창업이 막막하다면 컨설팅 업체의 도움을 받는 것은 어떨까? 대표적인 컨설팅 업체로는 '마켓오지상'을 꼽을 수 있다. 마켓오지상은 컨설팅 업체이자 일본 식재료 전문 기업이다. 일본 식재료를 판매하면서 동시에 창업을 원하는 사람에게 상권 분석, 메뉴 개발 등의 상담 및 교육을 실시하고 있다. 유튜브 채널 '마켓오지상Story'를 통해 보다 자세한 정보를 얻을 수 있다.

일식 요리사의 미래

시니어 일식 요리사의 미래는 한식 요리사의 미래와 비슷하다. 워크넷의 2021년 '일자리 전망'에 나타난 전망과 분석도 대동소이하다. 다만 일식은 한식에 비해 시장이 작은 탓에 그만큼 경쟁도 덜하다. 조금만 눈에 띄면, 즉 창의력이 빛을 발하면 성공 가능성이 높아진다는 이야기다. 신메뉴 개발뿐만 아니라 점포 운영 면에서도 창의력을 발휘한다면 밝은 미래를 기대할 수 있다.

워크넷의 2021년 조사에 따르면 일식 조리사의 임금 수준은 다음과 같다.

- 하위(25%): 연 3,000만 원
- 중위(50%): 연 3,937만 원
- 상위(25%): 연 4,766만 원

임금 정보는 전체 연령대 일식 요리사의 평균값이다. 시니어 요리사만을 대상으로 한 것은 아니다. 눈여겨볼 점은 일식 요리사의 임금이 한식 요리사보다 다소 높다는 점이다. 큰 의미를 부여할 만한 정도는 아니지만 그래도 동기부여가 되는 수치이다. 일식 요리사는 상대적으로 희소성이 높다. 스스로 자기 계발에 힘쓰며 상품 가치를 높인다면 셰프로서 성공 가도를 달릴 수 있을 것이다.

오래 반짝이는 아이템, 복어 조리사

복어 조리사 자격증은 복어조리기능사와 복어조리산업기사로 나뉜다. 미래 시니어 요리사를 꿈꾼다면 응시 자격 제한이 없는 복어조리기능사에 도전해볼 만하다. 복어 요리는 일식 요리에 해당되며, 일식 요리 학원에서 요리법을 배울 수 있다. 한국산업인력공단의 국가 자격증이므로 검정형과 과정평가형 두 가지 취득 방법이 있다. 일식조리기능사와 마찬가지로 과정평가형 지원자는 국민내일배움카드와 평생교육바우처의 혜택을 받을 수 있다.

복어는 테트로도톡신이라는 독을 품고 있다. 이는 청산가리보다 5배나 독한 물질이어서 사람을 사망에 이르게 한다. 따라서 법적으로 복어 요리는 자격증이 있는 사람만 할 수 있다. 오너 셰프로 일할 계획으로 복어집을 창업하려면 자격증을 꼭 따야 한다. 복어집을 운영만 할 계획이라면 자격증 있는 사람을 조리사로 채용해야 한다. 참고로 복어조리기능사의 실기시험 난이도는 꽤 높다. 합격률이 20퍼센트대에 머무르고 있다. 여하튼 자격증을 따고 싶다면 전문 교육기관에서 배우기를 권한다. 실습 재료인 복어를 구하는 것부터 쉽지 않고, 독을 제거하는 기술도 독학으로 배우기가 어렵다.

복요리집은 적은 편이다. 자격증을 따더라도 취업할 곳이 많지 않다. 그런데 복요리집이 적은 현실은 창업에는 유리하다. 진입장벽이 낮기 때문이다. 물론 진입장벽이 낮다고 성공이 보장되는 것은 아니다. 차별화를 이루어야 한다. 우선 복어 요리는 중장년층이 먹는 음식이라는 이미지가 강하다. 실제로 많은 소비자가 중장년층이다. 과거 복요리집들은 대부분 중장년층에만 초점을 맞췄지만, 지금은 시야를 넓힐 필요가 있다. 젊은이들의 입맛에 맞는 신메뉴 개발은 물론 고른 연령층을 흡수할 수 있도록 실내장식에도 노력을 기울여야 한다. 젊은이들과 가족 단위 고객이 부담 없이 외식을 즐길 수 있도록 가능하면 가격도 낮추는 것이 유리하다.

복어는 반짝 아이템이 아니다. 복요리집을 오랫동안 운영하는 사람들에 따르면, 복어집은 시간이 갈수록 매상이 오른다고 한다. 복어는 마니아들의 음식에 가깝기 때문이다. 맛이 좋고 서비스까지 좋으면 그 집을 찾는 마니아들이 늘어나며 매출도 올라간다.

생선, 알고 요리하기

일식 요리사를 바늘에 비유하면, 생선은 실이다. 그만큼 중요한 식재료라는 뜻이다. 생선에 관한 지식은 일식 요리사에게 기본 중의 기본이다. 그 기본을 닦기 위해 몇 가지 기초 지식을 알아보자.

신선한 생선과 해물 고르는 법

❶ 비늘이 은백색이며 광택이 나면 좋다.

❷ 아가미가 검은빛을 띠면 썩기 시작했다는 뜻이다. 싱싱한 생선은 아가미에 붉은빛이 감돈다.

❸ 생선의 몸뚱이를 살짝 눌렀을 때 곧 회복되면 탄력

이 좋다는 뜻이다.

❹ 눈에 백태가 낀 생선은 오래된 것이다. 싱싱한 생선은 눈이 맑고 튀어나와 있다.

❺ 생선에서 역한 냄새가 나는지 냄새를 맡아 본다.

❻ 낙지와 오징어는 빨판이 뚜렷한 것이 싱싱하다. 살을 살짝 눌러 탄력도 점검한다. 오징어의 경우 붉은빛이 도는 갈색, 낙지의 경우 연갈색을 띠는 것을 고른다.

❼ 게는 게딱지에서 투명한 느낌이 나는 것이 좋다. 새우의 경우 껍질이 검은빛을 띠는 것은 피한다.

❽ 조개는 만졌을 때 껍데기를 빨리 닫는 것일수록 싱싱하다. 대합처럼 큰 조개는 껍데기를 두들겼을 때 맑은 소리가 나는 것이 좋다.

효과적인 생선 보관법

요리	보관법	비고
구이, 튀김용 생선	• 소금을 살짝 뿌린 뒤 랩으로 싼다. 금속제 그릇에 담아 냉동한다.	• 금속제 그릇은 냉기 전달이 빨라 금방 냉동이 된다. • 사흘 안에 먹을 경우 냉장해도 무방하다.
조림, 찌개용 생선	• 머리, 아가미, 내장을 분리해 씻는다. 물기를 없앤 뒤 깨끗하게 마른 행주에 싼다. 금속제 그릇에 담아 냉동한다.	• 이틀 안에 먹으면 냉장해도 무방하다.
날생선 (횟감)	• 잘라낸 생선을 랩으로 싼다. 금속제 그릇에 담아 냉동한다.	• 사흘 안에 먹으면 냉장해도 무방하다.

일식조리기능사 실기시험을 위한 꿀팁

일식조리기능사 실기시험 메뉴에는 생선과 해물이 주재료이다. 실기시험 시 참고할 만한 사항을 간략히 소개한다.

1) 대합맑은국

조개가 너무 푹 익지 않도록 물을 은근히 끓인다. 또한 맑은국물을 내려면 거품을 건져내면서 끓이는 것이 좋다.

2) 도미머리맑은국

국물에서 비린내가 나면 안 된다. 비린내를 없애려면 비늘, 아가미, 지느러미, 핏덩이까지 말끔히 제거해야 한다. 특히 등뼈 안쪽에 엉긴 핏덩이는 완전히 없애기 어려운데, 가위를 이용하면 도움이 된다.

3) 문어초회

문어초회는 삶기가 생명이다. 달걀 반숙처럼 반만 익히면 문어초회의 맛이 살아난다.

4) 생선초밥

초밥은 찬 생선과 따뜻한 밥의 앙상블이다. 밥의 온도가 체온과 비슷할 때 초밥의 맛이 가장 좋다. 시험장에서는 초밥초를 쳐서 체온과 비슷한 온도로 식히도록 하자.

3장

중식 요리사

취미인 듯
직업인 듯

유튜브로 보는 중식의 재미

요즘은 요리를 하면서 유튜버까지 겸하는 요리사가 많다. 한식, 일식, 중식, 양식 등 분야를 가리지 않고 다 있다. 방송 출연으로 유명해진 요리사 중에도 유튜브에서 활동하는 이들이 제법 있다. 한식의 권우중, 양식의 에드워드 권, 일식의 정호영, 중식의 이연복. 이른바 스타 셰프들의 유튜브 방송에는 요리법, 요리 트렌드, 요리사의 자세 등 배울 점이 많다. 물론 스타 셰프가 아닌 다른 셰프들의 방송에서도 배울 점이 있으니 공부하는 마음으로 시청하기를 권한다. 보면 재미가 있다. 재미없는 방송은 유튜브에서 살아남기 어렵기에 요리사들도 재미를 주려고 최선을 다한다. 요리를 공부하는 입장에서 '재미있는' 요리 방송은 요리에 재미를 붙이는 데 도움이 된다.

〈중화요리 파헤치기〉는 독특한 유튜브 채널이다. 보통 요리 방송들은 요리사가 업소를 공개하는 편이다. 재미있는 멘트를 섞어 요리도 설명한다. 그런데 〈중화요리 파헤치기〉는 업소가 비공개다. 멘트도 없다. 이 채널의 방송은 '1인칭 시점'을 내세운다. 카메라가 요리사를 비추지 않고 요리사의 시선으로 요리 과정만 담는다. 마치 방송을 보는 사람이 직접 요리를 하는 느낌이 든다. 댓글을 보면 그런 반응이 꽤 많다. 또 하나 눈길을 끄는 것은 간간이 드러나는 주방이다. 주방이 눈이 부실 만큼 깨끗하다. 댓글에서도 청결한 주방에 대한 찬사가 이어진다.

〈중화요리 파헤치기〉 운영자는 지역 중식집의 오너 셰프로 알려져 있다. 업소를 공개하지 않지만, 눈썰미로 알아본 손님들이 자신의 블로그 등에 은근히 소개하고 있다. 보는 사람마다 생각이 다를 수 있겠지만, 방송을 보면 운영자가 요리에 깊은 애정을 가진 사람이라는 것이 느껴진다. 요리를 즐거워하는 마음도 엿보인다. 애정과 즐거움이 없다면 요리 방송과 주방 위생에 그 정도의 공을 들이긴 어려울 것이다. 나아가 창의력도 느낄 수 있다. '1인칭 시점'은 창의력의 산물이다. 미래 시니어 요리사가 눈여겨볼 점들이다.

중식의 트렌드가 변하고 있다

맞벌이 가정, 1인 가정, 독거노인 등의 증가는 외식 문화를 변화시켰다. 더불어 가정의 식사 문화에도 영향을 미쳤다. 바쁘거나 함께 먹을 사람이 없어서 번거롭게 요리하지 않고 배달 음식이나 밀키트로 식사하는 일이 늘고 있다. 요즘 반찬가게가 뜨는 것도 이같은 시대 흐름과 관련이 있다. 요리할 여건이 안 되는 사람들, 배달 음식이나 밀키트보다 좀 더 제대로 된 한 끼 식사를 원하는 사람들이 주로 반찬가게를 찾는다.

반찬가게 하면 누구나 한식을 떠올린다. 우리 밥상에 오르는 반찬이 대개 한식이기 때문이다. 그런데 중식 위주로 꾸민 반찬가게도 점점 생겨나고 있다. 50대 A씨가 운영하는 반찬가게도 그런 곳이다. A씨는 피스타치오를 넣어 고소한 맛을 배가시킨 깐쇼새우, 닭 육수를 사용해 감칠맛을 살린 마파두부 등으로 소비자의 마음을 사로잡았다. 독특한 중식 반찬으로 반찬가게를 일으킨 그의 사례는 SBS 〈생방송 투데이〉에서 소개된 바 있다.

A씨의 성공 요인은 무엇일까? 우선 변화된 식사 문화와 다양해진 입맛의 트렌드를 잘 읽어내는 눈을 꼽을 수 있다. 문화와 트렌드를 읽는 눈은 미래 시니어 요리사가 꼭 갖춰야 할 점이다.

이와 더불어 '기본 지키기'도 필요하다. 변화에 능동적으로 반응하는 것도 중요하지만 기본을 잊으면 곤란하다. 한식의 기본이 밥이라면 중식의 기본은 짜장면이다. 짜장면 하나만 기가 막히게 잘 만들어도 중식 요리사로 성공할 가능성은 크다. 프랜차이즈 브랜드 '짜장클럽'에 따르면, 우리나라 국민 13퍼센트가 선호하는 음식으로 짜장면을 꼽았다고 한다. 100명당 13명이 짜장면을 좋아한다는 뜻이다. 즉 짜장면은 소비자층이 두텁기에 속된 말로 반은 먹고 들어간다.

요즘엔 짜장면 전문점도 늘고 있고, 퓨전 짜장도 인기

를 끌고 있다. 중식 요리사를 꿈꾸는 시니어라면 결코 짜장면을 소홀히 여겨서는 안 된다. 짜장면만큼은 자신 있게 요리할 수 있을 정도로 실력을 키워야 한다.

어렵지만 도전합니다

중식 요리사는 누구인가?

한국고용정보원이 발간한 《한국직업사전》에 오른 중식 요리사의 직업명은 '중식 조리사'이다. 중식 조리사는 음식점에서 각종 탕, 튀김, 면류 등의 중식을 조리한다. 중식 요리는 다른 분야의 요리보다 불에 대한 의존도가 높다. 음식을 만들 때 센 불에 빠르게 볶는 것이 중식의 특징이다. 대부분의 식재료는 이렇게 볶아야 재료 본연의 맛을 살릴 수 있기 때문이다. 한마디로 불을 능숙하게 다루는 능력이 중식 요리사의 기본이다.

중식 분야에서는 회식이나 연회가 잦은 편이다. 즉 한

꺼번에 많은 양의 음식을 해야 할 경우가 왕왕 있다. 이런 일을 소화하려면 프라이팬 같은 조리 도구가 크고 무거울 수밖에 없다. 당연히 강한 체력과 팔심이 요구된다. 중식 분야는 다른 어떤 분야보다 여성 요리사가 적은데, 상대적으로 체력 소모가 크고 팔심이 약한 탓이다. 중식 요리사가 꿈인 시니어, 특히 여성 시니어라면 반드시 알아야 할 점이다. 체력은 요리사의 필수 조건이며, 중식 요리사는 더욱 튼튼해야 한다.

우리나라에서 인기 있는 중식은 대체로 정통 중국 요리와 거리가 멀다. 중국에 없는 음식이 상당수다. 대표 중식인 짜장면과 짬뽕부터가 그러하다. 짜장면과 짬뽕을 비롯해 우리가 먹는 중국 요리는 화교들이 한국인의 입맛에 맞게 변형하고 개량한 것이 대부분이다. 정통 중국 요리는 기름진 것이 많아 그대로 팔았다면 우리나라에서는 자리 잡지 못했을 거라는 생각이 중식 요리사들의 중론이다. 우리 입맛에 맞는 중국 요리 개발은 여전히 현재진행형이다. 많은 중식 요리사들이 성공을 위해 개발에 구슬땀을 흘리고 있다. 이제 미래 시니어 요리사들이 동참할 차례다.

중식 요리사에게 필요한 능력

일정한 맛 지키기

40년 넘는 요리 경력의 여경옥 셰프는 중국 요리의 대가로 불린다. 청와대 출장 요리사였던 그는 1984~2007년까지 신라호텔 중식당의 수석 셰프로 일했으며, 이후 오너 셰프로도 활약했다. 2013년부터 현재까지 롯데호텔 중식당의 주방을 책임지고 있다.

여경옥 셰프는 정성을 담아 좋은 음식을 만드는 것이 요리사가 할 일이라고 생각한다. 그는 롯데호텔 중식당의 책임자가 되었을 때도 자신의 생각을 실천에 옮겼다. 가장 심혈을 기울인 일은 롯데호텔 중식당의 새로운 레시피 만들기였다. 요리사가 달라질 때마다 음식 맛이 달라지지 않도록, 롯데호텔의 중식당 음식 맛이 각 지점마다 차이 나지 않도록 통일성을 기한 것이다.

레시피 작업을 하는 데 1년이 넘게 걸렸다고 한다. 완성에 이르기까지 그 과정이 결코 쉽지 않았다고 한다. 일정한 맛을 유지시키는 데 정성과 시간이 필요하기 때문이다. 여경옥 셰프 혼자 자신만의 스타일로 만들었다면 레시피는 금방 탄생했을 것이다. 그러나 그는 가까운 길을 놔두고 먼 길로 돌아갔다. 모든 요리사가 똑같은 메뉴를 저마다 만들고, 또 모두 함께 맛보며 레시피를 완성해나간 것이다. 레시피를 완성한 뒤 여경옥 셰프는 이렇게 말했다.

"제 음식이 아니에요. 우리의 음식입니다."[1]

일정한 맛은 음식점의 생명이라는 것을 기억하자. 훗날 동료들과 함께 일한다면 함께 호흡 맞추며 음식 맛을 지키려는 노력이 필요하다. 혼자 일하게 된다면 가족, 친구, 지인 등을 동원하자. 가능한 한 많은 사람에게 시식할 기회를 준다면 최고의 맛을 잡는 데 도움이 될 것이다.

재료 본연의 맛 살리기

요리 인생 50년을 맞은 유방녕 셰프. 화교 출신인 그는 중국 요리의 산증인이다. 아버지가 걸었던 중식 요리사의 길을 유방녕 셰프와 그의 아들이 뒤따라 걷고 있

1 "여경옥 셰프의 중식 예찬", <롯데호텔매거진 LHM>, 2020. 3

다. 대한민국 중식 4대 문파 가운데 하나인 아서원과 사보이 호텔, 플라자 호텔 등을 거쳐 지금은 인천 차이나타운에서 오너 셰프로 일하는 중이다.

인천 차이나타운은 유방녕 셰프의 고향이다. 할아버지가 그곳에 터를 잡으며 그의 가문은 한국에 정착했다. 중국 요리의 출발점은 아버지였다. 아버지가 차이나타운에 작은 중국집을 열면서 유방녕과 중식의 인연이 시작되었다. 유방녕 셰프는 어린 시절 하면 떠오르는 장면이 하나 있다. 늘 땀을 뻘뻘 흘리며 손바닥만 한 주방에서 수타면을 뽑고 있는 아버지의 뒷모습이다. 그의 아버지가 평생 수타를 고집했던 이유는 한 가지, 재료 본연의 맛을 살리기 위해서였다. 유방녕 셰프에게 아버지는 요리 사부였다. 그런데 아버지에게 배운 것은 무슨 대단한 요리 비법이 아니었다. 요리는 재료 본연의 맛이 살아있어야 한다는 요리 철학이었다.

그렇다면 유방녕 셰프의 아버지는 어떻게 재료 본연의 맛을 살렸을까? 맛의 핵심은 불을 잘 다루는 기술이었다. 유방녕 셰프에 따르면, 아버지는 "돼지고기는 돼지고기 맛이 나야 하고, 소고기는 소고기 맛이 나야 한다."

라고 자주 말했다고 한다. 밀가루와 소금만으로 쫄깃한 면발을 뽑아내는 모습을 몸소 보여주었다고 한다. 유방녕 셰프는 나이를 먹어서야 아버지의 비법이 다름 아닌 '기교를 부리지 않는 정직한 요리'였음을 깨달았다.

육십대를 넘긴 유방녕 셰프는 여전히 수타로 면을 뽑고 있다. 그런데 YTN 〈인생고수〉에서 매일 수타로 뽑지는 못하고 가끔 뽑는다고 고백했다. 그는 아버지처럼 못 하고 있지만 아버지처럼 '정직'하다. 이런 모습은 유방녕 셰프가 정직한 요리를 하고 있다는 신뢰감을 주기에 충분하다.

중식 요리사와 자격증

미래 시니어 중식 요리사를 꿈꾼다면 중식조리기능사 자격증에 도전해보자. 중식조리기능사 자격증의 관리기관, 응시 자격, 취득 방법 등은 한식 요리사 또는 일식 요리사와 같다. 국민내일배움카드와 평생교육바우처에 대한 내용도 동일하다. 자격증이 필수는 아니지만 있으면 유리하다. 풍문에는 중식 시험이 그나마 따기 쉽다는 말이 있는데, 어디까지나 개인차다. 중식조리기능사 합격률은 30~40퍼센트이다.

중식조리기능사 자격증 취득을 위한 몇 가지 팁이 있다. 먼저 자격증 시험의 실기 메뉴는 오징어냉채, 해파리냉채, 탕수육, 깐풍기, 탕수생선살, 난자완스, 홍쇼두부, 마파두부, 새우케첩볶음, 양장피잡채, 고추잡채, 채소볶음, 라조기, 부추잡채, 경장육사, 유니짜장면, 울면, 새우볶음밥, 빠스옥수수, 빠스고구마 모두 20가지이다. 이 중 2가지 메뉴를 약 60분 안에 직접 조리한다.

실기시험은 보통 오전과 오후 두 차례 치러진다. 만약 오후 일정이라면 오전 실기시험에 맞춰 일찍 가는 것이 좋다. 중국 음식은 대체로 향이 강하다. 대부분의 실기 메뉴들도 독특한 향을 갖고 있다. 실기 메뉴는 오전과 오후가 같다. 오전에 가서 시험장 밖으로 스며 나오는 냄새를 맡아보면 메뉴가 무엇인지 알아챌 수 있다. 문제를 알고 시험에 임하면 한결 수월하다.

중식 요리에 쓰이는 중식도는 직사각형의 큰 칼몸이 특징이다. 일반 칼보다 능숙해지는 데 시간이 더 걸리는 편이다. 때문에 중식도를 다루는 게 미숙하다면 시험장에 일반 칼을 추가로 더 챙겨가는 것도 방법이다. 고기

썰기에는 중식도가 편하지만 채소 썰기에는 일반 칼이 상대적으로 편하다. 물론 중식도를 잘 다루는 사람에게는 상관없는 이야기다. 즉 가장 바람직한 것은 일반 칼에 의존하지 않아도 될 만큼 중식도 연습을 충분히 하는 것이다.

수험자는 위생 모자도 직접 준비해야 한다. 이때 위생 모자는 머리채를 모두 감싸주는 형태가 좋다. 그래야 요리하다가 모자가 벗겨지거나 머리카락이 흘러내리지 않기 때문이다. 여성이라면 더더욱 이 모자가 유용하다. 혹시 다른 형태의 위생 모자를 쓴다면 실핀으로 단단히 고정하는 것이 좋다.

실기 메뉴 중 양장피잡채는 35분의 시간이 주어진다. 메뉴 중 가장 긴 시간이 걸리는 요리이기 때문이다. 참고로 오징어냉채, 해파리냉채, 부추잡채는 20분, 나머지는 25분 또는 30분이 주어진다. 실기시험 때 제공되는 양장피는 딱딱하게 건조된 상태이다. 재료를 받으면 양장피를 끓는 물에 데쳐 부드럽게 만드는 일을 먼저 하는 것이 좋다. 그러면 다음 과정을 좀 더 느긋하게 진행할 수 있다.

교육, 취업, 창업, 어디에서 도움받을까?

서울시50플러스포털을 비롯해 지자체에서 실시하는 중식 요리 교육은 일식보다 조금 많지만 한식과 비교하면 적은 편이다. 다만 지역마다 편차가 있으니 자신이 사는 지역에 관심을 두고 부지런히 알아보자.

교육을 위한 창구로는 역시 워크넷(www.work.go.kr)의 구직자훈련과정이 유용하다. 한식 요리사 편에서 설명한 대로 접근하면 된다. 워크넷의 국민취업지원제도 일경험프로그램도 일식과 사정이 비슷하다. 2022년 11월 교육생을 모집한 중식 참여기업은 총 3곳이었다. 중장년일자리희망센터 전직스쿨프로그램에서도 아직 중식 관련 교육 프로그램은 만나기 어렵다. 아직 넉넉하지 않은 실정이지만 늘 관심을 기울이고 수시로 정보를 찾아보아야 한다. 그래야 남들보다 빨리 기회를 잡을 수 있다.

취업을 돕는 창구로 앞서 소개했던 시니어 인턴십도 중식 분야는 미미하다. 한국폴리텍대학의 신중년 특화 과정에도 중식은 없다(2022년 기준). 지자체의 취업 상담과 일자리 알선 서비스가 그나마 도움이 된다. 시니어를 위한 일자리 박람회도 지금으로선 큰 도움이 된다고 말하기는 어렵다. 중식 조리사를 채용하기 위해 박람회에 참여하는 업체가 적기 때문이다. 그러나 시니어에 대한 사회적 관심도가 갈수록 높아지고 있으므로 앞으로 더 활성화될 가능성이 크다.

창업에 관심이 있다면 역시 소상공인시장진흥공단의 소상공인컨설팅 서비스(semas.or.kr)를 빼놓을 수 없다. 장애인과 저소득층에게는 나눔창업센터(www.formegirl.com)와 같은 사회적기업이 접근이 쉬울 수 있다. 서울 거주자 시니어라면 서울특별시 자영업지원센터의 창업 컨설팅 서비스(www.seoulsbdc.or.kr)를 이용하자. 비공식적인 도움 창구이지만 창업해본 사람들이 진행하는 유튜브 방송도 도움이 된다. 다만 유튜버들마다 의견 차이가 있으므로 전적으로 의존하는 것은 오히려 해가 될 수 있다.

직업을 연습합니다

중식 요리사의 장단점

JTBC 요리 예능 〈냉장고를 부탁해〉에 출연해 얼굴을 알린 정지선 셰프는 이 방송에 출연한 최초 여성 셰프라는 이유로 화제를 모았다. 그녀는 중식계에서도 몇 안 되는 여성 셰프 중 한 명이다. 그러나 그녀는 단지 '여성 셰프'가 아닌 실력을 갖춘 '중식 셰프'다. 중국 22개 도시에서 요리를 수련한 노력파이자 여러 국제요리대회를 휩쓴 실력자이다. 〈냉장고를 부탁해〉에 등장했을 때 정지선 셰프는 17년 차 베테랑이었다. 결코 짧지 않은 세월을 악착같이 버틴 이유는 하나였다. 여자도 할 수 있다는 것을 보여주기 위해서.

정지선 셰프의 말로는 중식계에서 남녀 비율은 9 대 1이라고 한다. 다른 어떤 분야보다 여자 요리사의 비율이 낮다. 그 이유로, 정지선 셰프도 강한 노동 강도를 꼽았다. 센 불과 무거운 조리도구가 다른 분야보다 더 힘든 환경을 만든 것이다. 중식에 도전했던 여성들이 못 버티고 떠나는 일이 잦다 보니 업계에서 여성을 피하는 분위기가 굳어졌다고 한다. 때문에 가까스로 취업 관문을 뚫어도 여자가 얼마나 버티겠냐면서 냉대하는 일이 많다고 한다. 정지선 셰프 역시 그런 환경에 처했지만 당당히 이겨내고 자신의 요리 세계를 개척했다. 이제 사십 줄에 들어선, 예비 시니어가 된 그녀는 오너 셰프로서 스스로 일궈낸 꽃길을 걷고 있다.

미래 여성 시니어 요리사라면 정지선 셰프의 사례를 새겨두자. 현실적으로 여성에게 중식 요리사의 길은 아직 좁다. 그러나 정지선 셰프와 같은 개척자들이 점점 늘어나는 추세다. 할 수 있음을 증명해낸다면 더 큰 성공을 거둘 수 있다. 작은 동네 중국집들도 대다수가 남성 요리사라서 여성 요리사라면 더 눈길이 가게 마련이다. 호기심을 보이는 손님에게 맛있는 요리를 내놓는다면 더 강렬한 인상을 남길 수 있다.

중식은 대체로 요리 시간이 짧다. 화려한 면도 있다. 완성된 음식의 화려함뿐만 아니라 화르르 요리를 해내는 센 불의 화려함도 있다. 빠르고 화려한 면에 은근히 희열을 느끼는 요리사들이 적지 않다고 한다. 정지선 셰프도 빠르고 화려한 면을 중식 요리의 매력으로 꼽았다.

중식과 중식 요리사에 대한 인식이 나아진 것도 중식 요리사를 기분 좋게 하는 점이다. 지난날 중식을 가볍게, 급하게 한 끼 때우기 위한 음식 정도로 여기는 사람이 많았다. 제대로 된 음식이 아닌 말 그대로 '때우기' 위한 음식으로 본 것이다. 중식이나 중식집을 '짱깨'라 부르는 것도 중식 자체를 낮잡아 보는 시선 탓이다. 중식을 낮게 보니 자연히 중식 요리사도 그다지 높게 치지는 않았다. 그러나 지금은 아니다. 스타 셰프들의 활약, 중식의 전문화 및 퓨전화, 활발한 음식 문화 교류 등의 영향으로 중식과 중식 요리사를 보는 시선이 달라졌다. 미래 시니어 요리사도 이러한 분위기에 힘입어 즐겁게 일할 수 있지 않을까?

중식 요리사 체험하기

자원봉사나 재능기부는 비교적 쉽게 할 수 있고 보람도 느낄 수 있다. 요리에 대한 반응을 현장에서 바로 얻을 수 있다는 장점도 있다. 이 좋은 활동들을 거창하게 할 필요는 없다. 여러 가지 요리를 할 자신이 없어도 괜찮다. 짜장면 한 가지면 충분하다. 이른바 '짜장면 봉사'는 여러 봉사센터와 복지기관에서 시행하고 있다. 인터넷에서 '짜장면 봉사'라는 검색어만 입력해도 그 현황을 알아볼 수 있다. 또한 현직 요리사들 중에도 자체적으로 짜장면 봉사 활동을 펼치는 이들이 제법 있다. 인맥을 쌓는 현실적인 이익도 꾀할 수 있으므로 주저 없이 문을 두드려보자. 크게 준비할 것은 없다. 봉사하는 마음만 갖추고, 중식의 기본인 짜장면만 확실하게 만들 줄 알면 된다.

한식 요리사 편에서 팝업 식당을 추천한 바 있다. 중식도 여건만 된다면 팝업 식당을 열어보는 것도 좋은 방법이다. 그러나 큰 공간을 빌릴 만큼 넉넉하지 못하거나 바로 요리해서 음식을 내는 데 자신이 없다면 밀키트 팝업 식당이 대안이 될 수 있다. 주방에서 온갖 재료로 요리를 하는 게 아니라 준비한 밀키트로 간편하게 요리해서 음식을 내는 것이다. 이마저도 부담스럽다면 밀키트 팝업스토어는 어떨까? 밀키트를 판매만 하는 임시 매장을 운영해보는 것이다. 이러한 경험은 훗날 밀키트 업체에 취업하거나 업체를 창업하는 데 도움이 된다.

최근 밀키트 시장은 점점 확대되는 추세이다. 외식과 식사 문화의 변화로 생겨난 밀키트는 '간단하지만 제대로 먹고 싶은 욕구'를 채워주는 아이템이다. 특히 코로나 시기에 외식이 자유롭지 못하면서 톡톡히 재미를 보았다. 앞으로 코로나와 같은 집단감염병은 계속 발생하고, 그 주기도 짧아진다고 한다. 밀키트 업체에는 약이 될 수 있다.

복을 부르는 인사 습관

중식계의 스타 셰프 이연복은 '최연소 대만 대사관 주방장'이라는 타이틀 보유자이다. 열네 살 어린 나이에 요리에 발을 들인 그는 스물두 살 젊은 나이에 대만 대사관 요리를 맡게 되었다. 그에게 천부적인 요리 재능이 있었던 것은 아니다. 선배의 구박, 주인의 악행을 이겨내며 피나는 노력 끝에 이뤄낸 성과이다. 그런데 열정 가득한 젊은 이연복에게 한 가지 부족한 점이 있었다. 바로 인사성이었다.

이연복 셰프는 그의 저서 《사부의 요리》에서 욱하는 성격 때문에 싸움에 휘말려 식당을 그만둔 적이 많았다고 했다. 인사성이 부족했다는 점도 고백했다. 잘 웃지도 않아서 대만 대사에게 웃는 연습을 하는 게 좋겠다는 충고까지 들었다고 한다. 인사와 웃음은 보통 같이 간다. 아무튼 이연복은 웃음과 인사가 미숙한 요리사였다.

잘 웃지 않던 이연복 셰프는 대만 대사관을 떠나 일본에서 자신의 음식점을 열었다. 그런데 일본에서는 음식점뿐만 아니라 어떤 가게를 가도 다들 친절하게 웃으며 인사했다. 이연복 셰프는 이에 깊은 인상을 받았다. 배우는 자세만큼은 확실했던 그는 일본 사람들의 인사성을 배워야겠다고 생각했다. 자신의 가게만 인사에 인색할 수는 없는 노릇이었다. 하지만 워낙 '웃는 인사'가 몸에 안 배였던 터라 처음에는 어색했다. 그래도 자꾸 했다. 하다 보니 익숙해졌고, 인사하고 싶은 마음이 절로 우러났다. 불같은 성격도 차츰 잦아들었다.

이연복 셰프는 일본에서 연습한 인사 습관이 자신의 성격을 바꿔놓았다고 했다. 그는 한국으로 돌아온 뒤 새로운 마음가짐으로 일했고, 지금의 성공을 거머쥘 수 있었다. 중식계에서는 주방장을 '사부'라고 부르는 경우가 많은데, 이연복 셰프도 사부라고 불린다. 밝고 친절한 성격이 그를 사부의 자리까지 이끌었는지도 모른다.

미래 시니어 요리사에게도 인사 습관은 필수다. 인사는 손님의 마음을 얻는다. 요리사로 일하기 전 한 번쯤 스스로를 되돌아보자. 사회적으로 비교적 높은 위치에서 일하느라 인사에 인색하지는 않았는지, 인사를 먼저 받고 싶은 마음이 더 컸는지 생각해볼 일이다.

어디에서 일할 수 있을까?

새내기 시니어 요리사들의 일터

다음은 수기(手記) 형식으로 새내기 중식 요리사의 생활을 그려보았다. 주인공은 오십대 시니어인데, 그는 이십대 청년 같은 마음으로 일하고 있다. 그 태도가 어떤 변화를 이끌어내는지 확인해보자.

오십대 시니어, 새내기 중식 요리사에 입문하다

중식조리기능사 자격증을 땄지만 나이 오십에 취직할 수 있을까 솔직히 걱정이 많았다. 나이만 많지 경력이 전무한 생초보를 누가 반길까 싶었다. 큰 기대 없이 채용 사이트를 뒤졌다. 주방보조의 경우 나이와 무관하게 뽑는 곳이 꽤 많았다. 마침 이웃 동네 중국집에서도 사람을 구했다. 룸은 없지만 홀에 10개 테이블을 운영하니, 제법 규모가 있는 곳이었다. 부랴부랴 이력서를 써서 냈다. 사장님과 주방장님(지금 나는 그를 사부님이라 부른다.)이 함께 면접을 보았는데, 고맙게도 내가 성실한 사람 같다며 뽑아주었다. 긴 공백 없이 직장생활을 한 것, 직장 다니면서 조리사 자격증을 딴 것에 높은 점수를 주었다.

주방 인원은 사부님과 주방보조인 나, 단 둘이다. 사부님은 나보다 나이는 다섯 살 어리지만 경력 20년 차의 베테랑이다. 밑바닥부터 시작해 차근차근 단계를 밟아 주방장까지 올랐다고 한다. 보통 중식계에서는 입문해서 10년은 지나야 주방장이 된다. 요즘은 요리책도 많고 인터넷에서 레시피도 쉽게 구할 수 있어 노력만 하면 그 기간을 5~6년으로 줄일 수 있다고 한다. 나도 이 '소문'을 믿고 부지런히 노력하고 있다.

나는 면장과 칼판이다. 면장에 '장' 자가 들어가서 높은 사람 느낌이 드는가? 그건 아니다. 그저 면 담당일 뿐이며, 면장은 보통 막내가 한다. 면반죽을 하고, 면을 뽑고, 뽑은 면을 삶아서 사부님에게 건네는 것까지가 면장이 하는 일이다. 칼판은 식재료를 칼로 써는 일을 하는 사람이다. 큰 중식집에서는 면장과 칼판을 따로 두는데, 작은 곳은 보조 한 명이 1인 2역을 한다. 더 작은 곳은 주방장이 혼자 모든 걸 다 해내기도 한다. 이런 곳은 만들어진 면반죽을 사다가 제면기로 면을 뽑기도 한다. 한가할 땐 괜찮지만 점심시간처럼 바쁠 땐 혼자서 소화하기가 벅차서다. 가령 짜장, 짬뽕, 탕수육 세트 주문이 들어오면 제면하면서 탕수육까지 혼자 하기가 힘들다. 아, 참고로 중식계에서 주방장은 '불판'이라고 부른다. 불로 요리하는 사람이기 때문이다.

일한 지 꼭 1년이 지났다. 주 50시간 일하면서 280만 원을 받았는데, 다음 달부터 10만 원이 오른다. 신이 난다. 자꾸 웃음이 나는 것을 숨길 수 없다. 사실 웃음이 나는 진짜 이유는 사부님이 이제 간단한 요리를 내게 맡기기 시작했기 때문이다. 가끔 짜장면 한두 그릇 정도는 내가 요리를 한다. 처음 짜장면을 완성했을 때 정말 요리사가 된 기분이 들었다. 훌륭한 요리사가 되기 위해서 더 열심히 할 거다. 지켜봐주길 바란다.

중식계 역시 시니어에게 취업문은 좁다. 집단 급식소로 취업하는 게 대부분이다. 그러나 주방보조, 파트타임 아르바이트의 경우 비교적 그 문이 넓다. 주방장이 되기까지는 시간이 꽤 걸리겠지만 수련을 하고 경력을 쌓는 기회로 삼아보자.

취업을 원한다면 아래 사이트를 참고하자.

- 조리사닷컴(www.zorisa.com)
- 푸드앤잡(www.foodnjob.com)
- 한국조리사협회중앙회(www.ikca.or.kr)
- 중식요리사닷컴(www.중식요리사.com)
- 요리사닷컴(www.yoriyorijob.com)

창업이라는 돌파구

다음 글은 창업에 도움이 되는 정보를 모아 만든 가상의 이야기이다. 특히 '공감 마케팅'에 대해 눈여겨보기 바란다.

오늘 한 중년 여성 손님이 우리 중국집이 동네 맛집으로 꼽힌다고 말했다. 동네에 중국집이 모두 세 개인데, 우리 집이 평이 제일 좋단다. '주부들 사이에서'이기는 하지만, 사실상 주부들이 손님의 전부나 다름없다. 요즘은 주부들이 구매와 소비의 권한을 꽉 쥐고 있으니까.

오너 셰프로 인생 제2막을 열면서 걱정이 참 많았다. 초보 요리사 주제에 인건비 아낀다고 혼자 주방을 맡았으니 걱정이 더 클 수밖에. 아내가 식당 운영을 도와주지 않았다면 어떻게 되었을지 아찔하다. 아내는 창업을 하려면 여성 손님의 마음을 사로잡아야 한다고 힘주어 말했다. 중국집도 다르지 않을 거라고 확신했다.

아내 말이 맞았다. 아내 말대로 입이 짧은 여성 손님을 위해 미니탕수육과 미니짜장면을 만들었더니, 여성은 물론 어린이 손님까지 즐겨 찾았다. 담백하고 부드러운 맛이 나는 크림짬뽕도 엄마와 아이가 함께 즐길 수 있는 메뉴였다. 수저통 대신 개별 포장한 수저를 내놓은 것 역시 신의 한 수, 아니 아내의 한 수였다. 수저통의 수저는 여러 사람의 손이 닿아 비위생적일 수 있는데, 개별 포장한 수저는 청결한 느낌을 주어 엄마들이 특히 좋아했다. 다른 중국집과 달리 산뜻한 민트 계열 인테리어도 여성들에게 먹혔다. 이 모든 것들이 여성들의 입소문과 SNS를 통해 온 동네에 알려졌다. 관계를 맺고 공유하기를 좋아하는 여성 고유의 특성이 우리 가게를 살린 셈이다.

카운터를 맡은 아내의 '공감 마케팅'은 정말 큰 힘이었다. 아내는 남녀노소를 가리지 않고 손님에게 친근하게 말을 걸고, 가벼운 칭찬을 건네고, 불평에도 귀 기울이며 손님과 공감했다. 아내가 특유의 공감 능력을 발휘해서 손님의 마음을 산 것이다. 솔직히 나는 공감 마케팅이라는 말도 몰랐는데, 아내는 그런 걸 어떻게 알았을까? 주변 사람들에게 들었을까? 아무튼 공감 마케팅은 꼭 필요한 장사 수완(이런 표현은 좀 그렇지만)이라고 본다. 나 같은 남자들이 꼭 배워야 할 점이다.

중국집 창업을 준비할 때는 우선 동네 상권을 잘 살펴보아야 한다. 중국집은 의외로 많지 않다. 푸드전문저널리스트 김병조에 따르면, 2018년 기준 서울만 놓고 볼 때 가장 많은 음식점은 한식집이라고 한다. 2위 카페, 3위 간이주점, 4위 분식집, 5위 양식집, 6위 치킨집, 7위 일식집, 8위 빵집, 9위 중국집, 10위 패스트푸드점 순이다. 중국집은 꼴찌에서 두 번째다. 개수를 보면 한식집이 55,600개인데, 중국집은 5,200개에 불과하다. 한 동네에 2~3개꼴이다.

이는 중국집의 창업 진입장벽이 낮다는 뜻이다. 개수가 적으면 가게를 차릴 곳이 많으니 진입장벽이 낮은 셈이다. 또한 동네 맛집으로 성공할 가능성이 높다는 점도 시사한다. 반면에 동네에서 인정받지 못하면 실패할 가능성 역시 높다는 점도 놓쳐서는 안 된다. 동네에서 인정받으려면 동네 주민들, 특히 여성들의 마음을 붙잡는 것이 중요하다. 아파트 부녀회, 맘카페, 계모임 등 여성들은 남성에 비해 모임이 많다. 여자 손님 한 명만 단골로 만들어도 그 손님의 영향으로 좋은 소문이 널리 퍼진다. 미래 시니어 요리사라면 여성의 기호와 심리를 이해하려는 노력을 결코 게을리해서는 안 된다.

직업인 듯 인생인 듯

중식 요리사의 미래

"돈 없을 때 싸게 먹을 수 있고, 돈 많을 때 풍족하게 먹을 수 있고, 또 메뉴가 가장 많은 게 뭐냐? 집에서 할 수 없는 음식이 뭐냐?"

개그맨 김학래가 YTN라이프 〈아! 그 사람〉에 출연해서 한 말이다. 그는 개그계 일선에서 물러난 뒤 생활고를 겪다가 중국집을 하게 되었다고 한다. 그는 개그우먼인 아내 임미숙과 함께 2003년에 중국집을 열었다. 그는 오너 셰프가 아닌 경영자로 일했고 꽤 성공했다. 김학래의 중국집은 지금도 동네 맛집으로서 성공가도를 달리는 중이다.

중국 음식은 가격이 싼 편이다. 메뉴가 많아서 다양한 계층의 손님을 끌어들일 수 있고, 한두 가지 메뉴만 골라 전문점으로 승부를 걸 수도 있다. 또한 중국 음식은 집에서 만들기 어려워서 먹고 싶을 때 중국 음식점을 갈 수밖에 없다. 먼 미래까지는 예측하기 어렵지만 가까운 미래에도 이러한 특성은 크게 달라지지 않을 것으로 보인다. 다시 말해 중식 요리사에게 유리한 환경이 지속될 것으로 예상된다. 중국집의 생존 환경은 곧 요리사의 생존 환경과 직결된다.

물론 외식 시장이 커지고 다양해진 것은 중식 요리사에게 위협적인 요소로 작용할 수도 있다. 피나는 경쟁이 불가피하기 때문이다. 2021년 고용노동부도 외식 시장의 양상을 고려해 향후 5년간 중식 요리사의 고용이 크게 늘지 않을 것으로 전망했다. 이 전망은 미래 시니어 요리사에게도 해당한다. 현재도 중식조리기능사 자격증을 가진 시니어의 대부분은 집단 급식소에서 일하고 있다. 집단 급식소에서도 중식 반찬을 내기 때문에 경험과 경력을 쌓을 수는 있지만, 중식계로 진출하고 싶은 꿈이 강하다면 직업 만족도가 떨어질 수밖에 없다. 일하는 것만으로도 충분히 만족하고 행복하다면 괜찮지만.

한편 워크넷의 2021년 조사에 따르면 중식 조리사의 임금 수준은 다음과 같다.

- 하위(25%): 연 3,000만 원
- 중위(50%): 연 3,765만 원
- 상위(25%): 연 4,248만 원

임금 정보는 전체 연령대 중식 조리사의 평균값이다. 시니어 요리사만을 대상으로 한 것은 아니므로 참고만 하자.

중식 요리사로 성공하고 싶다면

마라탕 전문점은 2010년대 초반부터 하나둘 생겨나기 시작했다. 마라탕은 그 시절 늘어난 중국인 관광객과 유학생을 겨냥한 음식이었다. 그런데 마라탕의 매운맛이 우리나라 젊은 여성들의 입맛을 만족시키면서 그들을 중심으로 널리 알려졌다. 지금은 태국 음식인 똠얌꿍과 결합한 퓨전 중식 '똠얌마라탕'이 나오기도 했으며, 마라부대찌개, 마라떡볶이, 마라치킨 같은 퓨전 음식도 판매되고 있다. 그야말로 대중적인 음식으로 자리매김한 것이다.

마라는 중국 사천 지방에서 각종 음식에 사용되는 기초 양념이다. 마라의 '마(痲)'는 '저리다', '라(辣)'는 '맵다'라는 뜻이다. 혀가 저릴 만큼 매운 마라로 만든 탕요리가 바로 마라탕이다. 뿌리는 사천에 있으나 둥베이 지방에서 지금과 같은 마라탕이 탄생했다고 한다. 여하튼 마라탕은 중국의 정통 요리다. 우리나라에서는 향신료와 기름을 줄이고 사골 육수를 국물로 써서 우리 입맛에 맞게 변형시킨 마라탕이 대부분이다. 한 지역의 문화가 다른 지역에 전파되면 그곳 토착문화와 어우러져 변형되는 문화의 특성이 이 마라탕에도 그대로 적용되었다.

미래 시니어 요리사라면 이 마라탕의 성공 사례를 생각해보자. 우선 음식 문화의 교류가 활발해지면서 중국

정통 음식에 대한 거부감은 줄고 호기심은 늘어난 현상에 집중하자. 실제로 마라탕을 비롯해 훠궈, 마라샹궈(마라탕의 볶음요리 버전) 같은 음식은 두꺼운 마니아층을 갖고 있다. 이들 음식을 중점적으로 판매하는 전문점이 많이 늘어난 것이 그 증거이다. 이런 점들로 미루어 볼 때, 앞으로는 정통 음식으로 승부해도 충분히 승산이 있다. 다만 응용력과 창의력이 가미되어야 한다. 기존 중식 요리사들이 마라탕을 우리 입맛에 맞게 변형하고, 다양한 퓨전 음식을 개발하는 것은 승률을 더 높이기 위해서이다.

중식은 다른 요리에 비해 변형이 쉽다. 이연복 셰프는 일본에서 중국집을 운영할 때 중식의 세 가지 변형을 꾀했다. 그곳 중국인의 입맛에 맞게 닭발을 조렸고, 대만인을 공략하기 위해 간장으로 양념한 닭다리를 밥에 얹은 닭다리밥을 개발했고, 일본인을 대상으로는 그들의 스타일대로 닭튀김을 요리해 일본 정식에 내놓았다. 세 가지 변형 모두 대성공이었다. 이연복 셰프는 저서 《사부의 요리》에서 "중식은 어떤 환경에서든 변형이 쉬운" 음식이므로 "자기가 노력만 하면 어떤 음식이든 해낼 수 있다."라고 말했다.

이연복 셰프의 말처럼, 얼마든지 해낼 수 있다. 미래 시니어 중식 요리사도!

중식 4대 문파의 역사

'문파'라는 단어는 주로 무협소설에 나온다. 같은 스승을 뿌리에 두고 이어져 내려오는 세력을 가리킨다. 어떤 문파든 스승의 기술을 제자들이 대대로 계승하기에 그 문파만의 색깔을 갖게 된다. 우리나라 중식계에도 무림에서 볼 수 있는 문파가 있다. 이른바 4대 문파라 불리는 아서원, 홍보석, 호화대반점, 팔선이다. 중식 4대 문파의 역사에 대해 간단히 살펴보자.

1. 아서원

4대 문파 중 가장 역사가 깊은 곳이다. 1920년대에 문을 열어 1978년에 문을 닫았다. 앞서 소개한 유방녕 셰프는 아서원의 맥을 잇는 인물이다. 아서원은 북경요리를 주로 다뤘다. 북경요리는 튀김, 볶음 같은 기름진 요리와 만두, 국수 같은 밀가루 요리가 주류를 이룬다. 우리나라 중식은 대부분 북경요리에서 비롯되었다.

2. 홍보석

1972년부터 1980년까지 문을 열었던 중식당이다. 계승자로서 가장 널리 알려진 인물로는 여경옥 셰프의 형인 여경래 셰프를 꼽을 수 있다. 홍보석에는 그 시절 솜씨 좋기로 소문난 요리사들이 많이 일했다고 한다. 이 때문에 많은 요리사가 홍보석에서 일하기를 꿈꾸었다고 한다. 홍보석은 사천요리 중심이었다. 사천요리는 파, 마늘, 고추 따위가 들어간 매운 음식이 특징이다. 우리에게 친근한 사천요리로 마라탕, 마파두부가 있다.

3. 호화대반점

명동 사보이 호텔에 있던 중식당이다. 1979년부터 1985년까지 운영된 호화대반점은 당시 우리나라 최초로 호텔에 들어선 중식당이라는 타이틀을 갖고 있다. 당시 장안의 미식가들은 모두 호화대반점을 으뜸으로 꼽았다고 한다. 호화대반점에서 훌륭한 요리사들을 많이 배출했는데, 이연복 셰프 역시 호화대반점에서 일한 경력이 있다.

4. 팔선

4대 문파 중 유일하게 같은 이름으로 현재까지 운영되고 있는 중식당이다. 1979년 신라호텔 중식당으로 시작한 팔선은 여전히 그곳에서 손님을 맞고 있다. 팔선은 광둥요리 중심이다. 광둥요리는 기름이 적고 간도 약해서 맛이 담백한 것이 특징이다. 세계인의 입맛에 가장 잘 맞는 중식이라고 한다. 우리에게 친숙한 광둥요리로는 딤섬을 들 수 있다.

문파는 쉽게 형성되지 않는다. 창시자와 계승자, 둘 사이를 묶어줄 기술이 전제조건이다. 그런데 그 기술에 매력이 없다면 기술은 대대로 이어가지 못하고 당대에 그치고 만다. 계승을 꿈꾸며 모인 사람들도 문파를 이루지 못하고 저마다 살길을 찾아 뿔뿔이 흩어질 것이다.

지금까지 다섯 번째로 인정받을 만한 중식 문파는 나오지 않았다. 누구든 그 주인공이 될 수 있다. 미래 시니어 요리사에게도 기회가 있다. 그것을 거머쥐느냐 외면하느냐는 본인의 선택이다. 자, 중식의 역사를 새로 쓸 포부로 중식 요리사의 길을 걸어보면 어떨까?

4장

양식 요리사

취미인 듯 직업인 듯

요리사가 되기 전에, 행복

오십대인 L씨는 대기업의 인사 담당자이다. 그는 은퇴를 앞두고 지자체에서 운영하는 '아버지 요리 교실'에 등록했다. 그가 요리를 배우게 된 계기는 아내다. 공인중개사를 준비하는 아내를 어떻게 도울까 궁리한 끝에 끼니 걱정이라도 덜어줘야겠다는 생각을 한 것이다. 처음엔 요리에 자신도 없고 걱정만 가득했다. 그런데 기초부터 한 발 한 발 나아가니, 요리가 적성에 딱 맞다는 것을 깨달았다.

잠자고 있던 적성을 발견한 L씨는 내친김에 양식조리

기능사 자격증에 도전했다. 요리 학원에 등록해 더 전문적인 공부를 했지만 첫 번째 도전은 실패, 와신상담 후 다시 도전해서 자격증을 손에 넣었다. 그 후 혼자 힘으로 요리 잡지의 레시피를 따라 하며 차근차근 요리 가짓수를 늘려갔다. 파스타, 샐러드, 스테이크 등을 즐겨 하는 L씨의 대표 요리는 오리엔탈 투움바 파스타와 꽈리고추를 곁들인 연어스테이크이다. 정식 요리사가 아닌 그가 독창적으로 개발한 퓨전 요리로, 느끼한 맛을 잡으려고 크림소스 파스타에 간장과 고춧가루를 가미했다.

L씨가 퇴직 후 정식 요리사의 길을 걸을지는 아직 모른다. 현재 그는 가정에서 요리 실력을 뽐내며 행복한 나날을 보내고 있다. 특히 장모님의 칭찬을 듬뿍 받고 있다. L씨가 요리를 배운 덕분에 그의 가정에는 한 가지 변화가 생겼다. 일요일 저녁, 가족이 함께 식탁에 둘러앉는 가족 문화가 생겨난 것이다. 지난날 식구마다 뿔뿔이 흩어져 주말을 보내던 문화가 사라졌다. 이제 L씨는 더 바랄 게 없다고 한다. 앞으로도 사랑하는 가족과 맛있는 음식을 나눠 먹으며 살 수만 있다면 그만이라고.

L씨의 이야기는 인터넷 시니어 매거진 〈전성기(www.

junsungki.com)〉의 기사 '50대 취미-요리 편'에 실려 있다. 그는 요리사에게 가장 필요한 한 가지, '요리의 행복'만은 단단히 갖춘 듯하다. 물론 실제 요리사가 되었을 때 그 마음이 변할 수도 있겠지만, 지금은 준비 완료 상태로 보아도 될 것 같다.

미래 시니어 요리사라면 L씨가 요리에서 행복을 느낀 배경에 주목해보자. 그는 가족을 위해 요리하다가 행복을 느꼈다. 요리를 배웠다면 가족에게 먼저 대접해보는 것은 어떨까? 가족이 없다면 친구, 직장동료 등 가까운 사람도 좋다. 요리로 자원봉사를 하는 것도 좋은 방법이다. 일에서 얻는 행복은 곧 삶의 행복이 된다. 요리가 일인 요리사는 요리에서 행복을 맛보아야 한다.

이제는 요리 철학을 고민해야 할 때

지난날 '요리사'는 가난하고 못 배운 사람이 갖는 직업이란 인식이 짙었다. 그래서 낮춰 보는 시선도 강했다. 물론 일도 지금보다 더 고됐다. 자연히 자녀에게 요리사를 권하는 부모가 드물었다. 양식계의 스타 셰프 샘킴도 그러한 분위기 속에서 요리사의 꿈을 품었다. 당시 식당을 운영하던 어머니는 요리사를 꿈꾸는 아들을 탐탁지 않게 여겼다. 요리사의 험난한 길을 누구보다 잘 알기에 선뜻 아들의 꿈을 환영하기 어려웠다. 아버지도 반기지 않기는 마찬가지였다. 샘킴이 미국 유학을 계획할 때 미국까지 가서 요리하는 게 말이 되냐며 못마땅해했다. 그래도 샘킴은 꿈을 접지 않았다. 샘킴의 부모는 아들의 꿈이 확고해 보이자 더 이상 막지 않았다. 곧 조력자로 나섰다. 결국 샘킴은 꿈을 이뤘고, 스타 셰프로 발돋움하며 요리사에 대한 인식과 대우를 변화시키는 데도 이바지했다.

샘킴이 꿈을 향해 뚜벅뚜벅 걸어갈 수 있었던 힘은 재미와 열정이다. 그는 어린 시절 어머니의 요리를 지켜보고 또 도우면서 요리에 재미를 느꼈다고 한다. 샘킴은 그 재미있는 일을 하고 싶어서 열정을 불태운 것이다. 여전히 열정적으로 일하고 있는 샘킴 셰프는 요리에 뜻을 둔 이들에게도 '열정'을 강조한다.

열정적인 샘킴 셰프에게는 요리 철학이 있다. 자신의 재능을 누군가에게 베푸는 것 자체가 의미 있는 일이라는 철학이다. 그 철학대로 샘킴은 보육원이나 다문화센터 같은 곳에서 틈틈이 봉사하고 있다. 음식도 만들고,

요리도 가르치고, 멘토링도 한다. 샘킴이 이러한 철학을 갖게 된 계기는 미국인 선배 셰프의 선행이었다. 샘킴이 미국의 유명 레스토랑에서 일할 때 그곳 셰프가 다운타운 걸인들에게 음식을 나누어 주었다고 한다. 그 모습을 본 샘킴은 화려함과 유명세만 좇고 있는 자기 자신을 돌아보았다고 한다. 깨달음을 철학으로 굳힌 샘킴은 지금 행복하게 요리를 하고 있다. 그리고 그 요리를 통해 행복을 전하려 노력하고 있다.[1]

요리사에 대한 인식이 나아진 만큼 요리사의 요리 철학도 다시 생각해보아야 한다. 새롭게 요리사의 길을 걸으려는 시니어도 마찬가지다. 물론 봉사하고 베푸는 데만 매진해야 한다는 뜻은 아니다. 어쨌든 직업은 생계수단이기 때문이다. 다만 어떤 마음가짐으로 일해야 하는지 진지하게 생각하는 것이 좋다. 베풀려는 마음이 있으면 우선 요리사 자신이 행복해질 가능성이 크다. 이건 말로 똑 부러지게 설명이 안 된다. 직접 체험해보면 안다. 샘킴처럼.

---

1 지재우, 《요리사 어떻게 되었을까?》, 캠퍼스멘토, 2015

어렵지만 도전합니다

양식 요리사는 누구인가?

한국고용정보원이 발간한 《한국직업사전》에 있는 양식 요리사의 직업명은 '양식 조리사'이다. 또한 "음식점에서 각종 육류, 면류 등의 서양식 요리를 조리"하는 사람으로 정의한다. 서양식 요리, 즉 양식의 양대 산맥은 프랑스 요리와 이탈리아 요리다. 우리나라에서는 피자, 파스타 등을 중심으로 한 이탈리아 요리의 인기가 더 높다. 이탈리아 음식점의 개수도 프랑스 음식점보다 훨씬 많다.

일본식 서양 요리도 우리나라에서는 인기 품목이다.

돈가스란 이름으로 굳어진 포크커틀릿, 카레라이스, 오므라이스, 크로켓, 새우튀김 등 대중의 사랑을 받는 음식은 모두 일본식 서양 요리이다. 일본 양식 협회에 의하면, 이들 요리는 일본에서 쌀밥과 어울리도록 창의적으로 발전시킨 서양 요리라고 한다.

지난날 양식은 느끼하고 기름져서 몸에 좋지 않다는 인식이 제법 강했다. 하지만 좋은 식재료와 신선한 양념을 쓰고 바르게 요리한다면 건강한 음식이 될 수 있다고 한다. 이는 미래 시니어 요리사가 마음에 꼭 새겨야 할 점이다. 건강에 도움을 주는 것은 음식의 기본이다.

이탈리아 요리사와 프랑스 요리사는 양식을 예술 작품으로 여기는 경향이 짙다. 요리도 분명 창작 행위이며, 그 점에서 예술이 될 수 있다. 양식의 경우 하나의 조각품처럼 시각을 만족시키는 음식이 많다. 디저트류 역시 각종 장식이 눈을 즐겁게 한다. 요리는 시각을 비롯해 후각과 미각까지 만족시키므로 가치 있는 예술 작품의 하나이다. 자신이 만드는 음식이 예술이라 생각하면 요리가 더 즐거워질지 모른다.

양식 요리사에게 필요한 능력

음식의 기본에 충실하게

웨스틴조선호텔 주방의 책임자 유재덕 셰프는 수박 빙수로 유명한 인물이다. 그는 저서《기쁨과 위안을 주는 멋진 직업 셰프》에서 수박 빙수의 탄생 배경을 밝혔다. 당시 경쟁 관계인 신라호텔의 망고 빙수가 유명했고, 대적할 대항마가 필요했다. 유재덕은 경쟁자의 망고 빙수를 직접 먹어보았다. 그런데 비싼 가격에 비해 특별한 장점은 느낄 수 없었다. 맛보다는 마케팅의 힘으로 유명해진 것이라는 결론이 금방 내려졌다.

유재덕은 벤치마킹을 위해 일본으로 떠났다. 일본에서는 빙수가 솔 푸드(soul food) 대접을 받고 있었고, 가격도 적절했다. 그는 빙수 본연의 목적을 상기했다.

'빙수는 갈증을 풀어주고, 지친 몸에 활기를 불어넣어 주는 음식이야!'

한국으로 돌아온 유재덕은 가격도 합리적이고 본연의 목적에 맞는 빙수를 만들기로 마음먹었다. 우선 빙수에는 제철 과일이 필수라 생각했는데, 딱 떠오른 것이 수

박과 청포도였다. 유재덕은 이 두 과일을 재료로 한 달 넘게 매달린 끝에 신상 빙수를 선보였고 대박이 났다. 블로그 등의 SNS는 물론 방송까지 타며 폭발적 반응을 얻었다.

미래 시니어 요리사는 음식 본연의 목적이 '기본'이라는 점을 늘 마음에 새겨야 한다. 첫 도전이라는 점에 부풀어 새로운 시도에만 몰두하면 자칫 기본을 잊을 수도 있다. 새로운 시도에서도 기본이 가장 중요하다.

맛과 멋을 조화롭게

유재덕 셰프가 만든 '수박 빙수'의 인기 비결은 빛나는 아이디어에도 있었다. 그는 빙수 자체를 수박처럼 표현하기 위해 수박 껍질에 빙수를 담았다. 맛과 멋이란 두 마리 토끼를 잡은 셈이었다.

"보기 좋은 떡이 먹기도 좋다."라는 속담처럼 음식의 시각적 효과는 매우 크다. 단, 멋에만 치중하면 맛을 놓칠 위험이 있다. 보기 좋아서 한입 먹었는데 맛이 없으면, 그 음식의 생명력은 짧아진다. 유재덕 셰프는 프랑스에서 현지 요리를 자주 먹었다. 그런데 의외로 모양은 예뻔데 모양만큼 맛이 없어서 실망한 적이 많았다고 한다. 여러 번 실망을 겪은 끝에 미슐랭 스타를 세 개나 받은 음식점에서 맛과 멋을 모두 잡은 음식을 만났다고 한다. 그때 느낀 만족감이 무척 컸다고 한다.

요리에서 맛은 아무리 강조해도 지나치지 않다. 멋도 중요하지만 맛은 더 중요하다. 요리사에게는 멋보다 맛을, 즉 '멋과 맛'을 잡으려 하기보다는 '맛과 멋'을 잡으려는 마음가짐이 더 필요하다. 이는 미래 시니어 요리사에게도 당연히 필요한 마음가짐이다.

양식 요리사와 자격증

양식 분야 역시 취업할 때 자격증이 필수는 아니지만 있으면 유리하다. 처음 입문하는 시니어라면 자격증은 열정을 인정받을 수 있는 수단이 된다. 양식 입문자가 도전할 수 있는 자격증은 양식조리기능사 자격증이다. 다른 분야와 마찬가지로 합격률은 30~40퍼센트이다.

양식조리기능사 자격증 취득 방법은 검정형, 과정평가형 두 가지다. 다른 분야와 동일하게 검정형은 한국산업인력공단의 국가자격시험 홈페이지(www.q-net.or.kr),

과정평가형은 과정평가형 국가기술자격 홈페이지(c.q-net.or.kr)에서 관련 정보를 얻을 수 있다. 과정평가형 지원 시 국민내일배움카드로 교육훈련을 받을 수 있는데, 이에 관해서는 고용노동부 직업훈련포털(www.hrd.go.kr)을 확인하자. 평생교육바우처 혜택에 대한 정보는 평생교육바우처 홈페이지(www.lllcard.kr)에 나와 있다.

양식조리기능사 실기시험 메뉴는 30가지다. 2가지 메뉴가 출제되며, 시험 시간은 70분이다. 30개의 실기시험 메뉴는 다음과 같이 9개의 영역으로 나뉜다.

	영역	메뉴
1	전채 조리	쉬림프카나페, 프렌치프라이드쉬림프, 샐러드 부케를 곁들인 참치타르타르와 채소비네그레트
2	조식 조리	스페니쉬오믈렛, 치즈오믈렛
3	샐러드 조리	월도프샐러드, 포테이토샐러드, 해산물샐러드, 시저샐러드, 사우전아일랜드드레싱
4	샌드위치 조리	BLT샌드위치, 햄버거샌드위치

5	수프 조리	비프콘소메, 포테이토크림수프, 미네스트로니수프, 피시차우더수프, 프렌치어니언수프
6	육류 조리	치킨알라킹, 치킨커틀렛, 살리스버리스테이크, 서로인스테이크, 바비큐폭찹, 비프스튜
7	파스타 조리	스파게티카르보나라, 토마토소스해산물스파게티
8	소스 조리	이탈리안미트소스, 홀렌다이즈소스, 브라운그래비소스, 타르타르소스
9	스톡 조리	브라운스톡

자격증 시험에 도전한다면 각 메뉴의 레시피를 줄줄 꿰고 있어야 한다. 레시피에 미숙하면 시험 때 재료를 빼먹거나 시간을 초과하는 실수를 저지르기 쉽다. 또한 시험 중에는 맛보는 것을 금하므로 몸에 익힌 레시피대로 요리하는 사람이 음식의 맛을 잘 낼 수 있다. 실기시험에는 위생 점수도 포함되므로 더더욱 레시피를 완벽하게 익히는 것이 중요하다. 레시피를 잊어버리면 당황하게 되고, 당황하면 도마에 그릇을 올리는 등의 행동을

무심코 할 수 있다. 이런 행동은 위생 점수를 깎아 먹는다.

자격증 시험을 준비하는 사람들은 대체로 오믈렛이 어렵다고 한다. 시험 전까지 연습하는 데 달걀 두세 판 드는 게 예사라고 한다. 우선 오믈렛이 터지면 안 되는데, 그것에 신경 쓰다가 덜 익히는 경우가 종종 있다고 한다. 잘 익히려다 갈색으로 태우면 그것도 감점 요인이다. 오믈렛을 아몬드 모양으로 만드는 것도 연습을 여러 번 되풀이해야 가능하다.

한편 실기시험 문제는 한국산업인력공단의 국가자격시험 홈페이지에서 내려받을 수 있다. 각 메뉴에 따른 문제를 제공하고 있으니, 참고하면 도움이 될 것이다.

교육, 취업, 창업, 어디에서 도움받을까?

앞서 소개했던 L씨는 지자체에서 운영하는 '아버지 요리 교실'의 수강생이었다. 그곳에서 기초를 닦은 후 전문성을 높이기 위해 요리 학원에 다녔다. 시니어라면 지자체의 요리 교실을 거치든 안 거치든 고용노동부의 구직자훈련과정 서비스를 통해 국비 지원을 받고 요리

학원에 다닐 수 있다. 한식 요리사 편의 설명과 워크넷(www.work.go.kr) 홈페이지를 참고하자. 국비 지원을 받는 요리 학원 중에는 자체적으로 취업지원센터를 운영하는 곳도 있다. 교육에 그치지 않고 교육생의 취업 상담 및 알선, 자기소개서 코칭 같은 서비스를 제공해준다. 이러한 시스템을 갖춘 요리 학원은 자체 홍보를 하고 있으니, 선택할 때 꼼꼼히 알아보도록 하자.

양식 요리사 입문을 위한 도움 창구는 한식 요리사 편에서 소개한 것과 대동소이하다. 아직은 다른 직종에 비해 요리사를 지원하는 프로그램이 많지는 않다. 요리 분야 중에서는 한식에 집중된 편이다. 아무래도 시장이 가장 크기 때문일 것이다. 양식은 일식과 중식에 비하면 기회가 좀 더 많다. 일례로, 국민취업지원제도 일경험프로그램에 양식 입문자를 위한 기회가 더 많이 눈에 띈다. 국민취업지원제도 홈페이지(www.kua.go.kr)의 [일경험]-[일경험참여기업] 카테고리에서 프로그램 공고를 확인할 수 있는데, 양식이 중식이나 일식보다 더 많은 편이다. 아웃백스테이크하우스, 조선호텔 등 믿을 수 있는 기업이 참여하고 있으니 적극적으로 도전해보자.

한국폴리텍대학의 신중년 특화과정에서도 양식 요리를 배울 수 있다. 한식 요리사 편에서 소개한 바와 같이 서울강서캠퍼스(www.kopo.ac.kr/kangseo) 외식조리학과의 문을 두드리면 된다. 만 40세 이상이면 지원할 수 있다. 취업과 창업을 위한 실무 중심의 교육을 하며 취업 알선 등 실질적으로 도움을 준다.

창업을 위한 도움 창구로는 소상공인시장진흥공단을 추천한다. 홈페이지(semas.or.kr)에서 관련 정보를 얻을 수 있다. 나눔창업센터(www.formegirl.com)는 저소득층과 장애인에게 알맞은 도움 창구이다. 서울 거주자 시니어라면 서울특별시 자영업지원센터의 창업컨설팅 서비스(www.seoulsbdc.or.kr)가 효과적이다. 지금까지 소개한 도움 창구들은 한식 요리사 편에서 설명한 바대로 접근하면 된다.

직업을 연습합니다

양식 요리사의 장단점

영국의 고든 램지는 세계적인 스타 셰프다. 그는 〈냉장고를 부탁해〉에 출연한 적이 있어 우리나라에서 인지도가 높다. 세계에서 6번째로 미슐랭 스타를 많이 받은 그는 2022년 우리나라에 수제버거집과 피자집을 열었다.

고든 램지의 판매 전략은 '고급화 전략'이었다. 버거의 경우 최저 20,000원에서 최고 140,000원, 피자는 여섯 가지 피자를 무제한 먹는 조건으로 1인당 29,800을 받았다. 물론 고든 램지의 이름값 덕분이겠지만, 이 고급화 전략은 성공했다. 앞으로 더 두고 봐야겠지만, 이른바 대박이 났다. 일부 가성비가 떨어진다는 불평도 나왔으나 높은 품질에 대다수 고객이 만족했다.

양식은 상대적으로 고급화 전략의 성공 가능성이 큰 요리이다. 다른 분야 요리에 비해 '고급 요리', '특별한 요리'라는 인식이 짙다. 시니어라면 "칼질 한번 하자."라는 말을 익히 알 것이다. 양식을 먹자는 말로, 보통 지갑이 두둑할 때 썼던 표현이다. 지금은 양식이 고급 요리라는 이미지가 많이 사라졌지만, 여전히 특식 대접을 받고 있다.

고급화 전략의 높은 성공 가능성을 단순히 돈을 많이 벌 수 있다는 뜻으로 여겨서는 곤란하다. 돌파구가 다양하고 창의력을 발휘할 수 있는 여지가 많다는 뜻으로 받아들여야 한다. 고급화 전략은 품질이 받쳐주지 못하면 실패할 확률이 높다. 고품질은 공부와 노력에서 나온다. 고든 램지도 20년 동안 한식에 깊은 관심을 두었다는 사실을 기억하자.

양식은 공부 거리가 많다. 한 무명의 양식 요리사는 양식 업계의 현실을 알려준다면서 "서양 음식의 범위가 무척 넓어서 다 공부해야 한다."라고 말했다. 틀린 말이 아니다. 이탈리아, 프랑스, 미국 등만 서양이 아니기 때문이다. 공부할 게 많다는 것은 분명 힘든 점이다. 그러나 다양한 서양 음식을 폭넓게 공부하고 자기 것으로 만들고 그것이 쌓이면 자산이 된다. 그 풍부한 자산이 요리사에게 성공의 길을 열어줄 것이다.

양식 요리사 체험하기

경북 청도군에서 2022년 10월 '제4회 플리마켓 야단법석'이 열렸다. 청도군의 문화 축제로 자리매김하고 있는 이 행사에는 살 거리, 볼거리, 먹거리가 가득했다. 먹거리로는 로컬푸드를 비롯해 밀키트와 다양한 디저트류가 선을 보였다.

경기도 오산의 오색시장에서는 2022년 9~10월 '오산 오색시장 야맥길장'이라는 관광문화 행사가 열렸다. 오색시장 상인들 주도로 개최한 이 행사는 야시장 겸 야간 축제이다. '야맥길장'이란 '야간 맥주 길거리 장터'의 줄임말이다. 플리마켓과 먹거리 장터의 성격을 지닌 이 행사는 희망하는 주민이라면 사전 신청으로 참여할 수 있었다. 먹거리의 경우 BBQ 푸드트럭 30팀의 신청을 받았다. 큐브스테이크, 소시지, 새우, 랍스터, 닭구이, 각종 꼬치류 같은 먹거리를 내놓을 수 있는 사람이라면 누구나 가능했다.

강원도 춘천의 춘천마임축제는 런던 마임축제, 프랑스 미모스 축제와 함께 세계 3대 마임축제로 꼽힌다. 2022년에는 5월에 열렸다. 축제장에 플리마켓과 먹거리 장터를 열어 축제를 더욱 풍성하게 만들었다. 먹거리 판매자는 5팀을 모집했는데, 조건은 '춘천에서 로컬푸드를 판매하며 불에 구워 먹을 수 있는 음식을 판매하는 팀'이었다.

지금까지 소개한 세 가지 행사는 각 지역의 특색 있는 문화 행사이다. 이러한 행사에는 먹거리가 절대 빠지지 않는다. 오직 양식만을 다루는 경우는 드물지만 양식 요리사 체험을 할 수 있는 좋은 기회인 것만은 틀림없다. 위 행사들은 현역 요리사들에게만 참여 자격이 주어지는 것이 아니다. 지역 주민이면 누구나 자격이 된다. 요즘은 지역 주민이 주도하고 또 지역 주민을 대상으로 하는 행사들이 늘어나는 추세다. 참신한 아이디어로 맛있는 음식을 내놓는다면 충분히 선발될 수 있다. 참가비도 대개 몇만 원 내외여서 큰 부담이 없다.

미래 시니어 요리사라면 지역 행사에 관심을 가져보자. 동네 단골을 만들 기회도 되기에 훗날 현역이 되었을 때 도움을 받을 수 있다.

어디에서 일할 수 있을까?

새내기 시니어 요리사들의 일터

병원 푸드코트에서 일하는 시니어 주방 보조원의 일과를 이야기 형식으로 꾸며 보았다. 다음 글을 읽으면서 일에서 행복을 얻는 비결을 느껴보자.

"돈가스 참 맛있네요. 덕분에 기운이 납니다."

초로의 남자는 정말 기운이 나는지 퇴식구에 식판을 반납하며 환하게 웃었다. 식판을 챙기던 희순 씨는 남자의 웃음에 덩달아 미소가 배어 나왔다.

"감사합니다. 주방장님한테 전해드릴게요."
남자는 '행복돈가스'의 간판을 힐끗 본 뒤 다시 말했다.
"가게 이름 잘 지으셨네. 저한테는 진짜 '행복돈가스'였어요. 일주일 동안 마누라 병시중 드느라 좀 힘들었는데, 행복 느끼고 갑니다."
"아이고, 사모님 얼른 쾌차하시길 빌게요."
"감사합니다. 그러고 보니 아주머니 웃는 모습이 저희 마누라랑 비슷하네요."
"정말요? 사모님 미인이시겠다, 호호."
"하하하. 네, 미인이고말고요. 그럼 수고하십시오!"
남자는 가볍게 목례하고 돌아섰다. 희순 씨는 남자의 뒷모습을 바라보며 남몰래 웃음을 지었다. 기쁨과 보람의 웃음이었다.
병원 푸드코트 돈가스 매장에서 주방 보조원으로 일한 지 두 달 남짓, 진심 어린 감사 인사를 받은 건 오늘이 처음이었다. 오십대 중반을 넘어 시작한 주방 일은 결코 녹록지 않았다. '주 5일, 하루 8시간'이란 근무 시간은 일반 식당에 비하면 여유로웠다. 200만 원 조금 넘는

월급도 근무 시간에 비하면 크게 문제는 아니었다. 하지만 병원 특성상 더욱 강조되는 위생과 환자 보호자가 주 고객층인 점이 큰 스트레스였다. 그들 대부분은 환자를 간호하느라 몸과 마음이 예민한 상태이기 때문이다.

"식자재 전처리, 배식, 설거지. 어느 하나 안 중요한 게 없어요. 이게 다 고객을 위한 거니까요. 저는 돈가스로 고객에게 행복을 주고 싶은 요리사입니다. 양희순 씨, '주방보조'란 이름을 무겁게 받아들이세요. 저를 잘 보조해주시는 건 고객에게 행복을 전하는 일이에요."

근무 첫날, 주방장이 설교하듯 했던 말이 떠올랐다. 솔직히 희순 씨는 주방장의 그 신념이 낯설었다. 유명 대형 음식점이면 모를까 병원 푸드코트 주방장에게 그런 말을 들을 줄 몰랐기 때문이다. 희순 씨 스스로 자신의 일터를 낮잡아 본 것이었다.

"마음 고쳐먹고, 진심을 다하자. 내가 하는 일은 귀한 일이야."

희순 씨는 열심히 돈가스를 만들고 있는 주방장을 쓱 곁눈질했다. 그러고는 힘차게 설거지를 시작했다.

희순 씨의 일과는 가상의 이야기라 시니어 주방 보조원의 현실을 완벽하게 보여주지는 못했다. 다만 여기에서 눈여겨볼 점은 희순 씨의 마음가짐이다. 어떤 마음가짐으로 일하느냐에 따라 일에서 행복을 찾을 수 있기 때문이다.

냉정하게 말해 위 이야기에서 가장 현실적인 부분은 '병원 푸드코트'와 '주방보조원'일지도 모른다. 경력 없는 시니어 양식 요리사의 일자리는 그리 많지 않다. 당장 주방장으로 출발하기도 쉽지 않다. 그러나 일하는 것 자체에서 행복을 느끼고 싶다면 출발점을 낮추는 것도 한 방법이다.

취업을 원한다면 아래 사이트를 참고하자.

- 조리사닷컴(www.zorisa.com)
- 푸드앤잡(www.foodnjob.com)
- 한국조리사협회중앙회(www.ikca.or.kr)
- 요리사닷컴(www.yoriyorijob.com)

창업이라는 돌파구

다음 글은 브런치 카페를 창업한 오십대 남자의 이야기이다. 트렌드를 읽는 힘, 블루오션을 볼 수 있는 눈이 중요하다는 점을 알려준다.

간판공들이 굵은 밧줄로 '브런치 카페 판타지' 간판을 끌어 올렸다. 하나둘 구령에 맞춰 한 단계씩 오르는 간판을 쳐다보는 형우 씨의 가슴도 조금씩 뛰었다. 양식조리사 자격증을 딴 뒤 퇴직금과 대출금으로 시작하게 된 브런치카페 '판타지'. 이제 형우 씨에게 '판타지'는 현실이 되었고, 제2의 인생이 되었다.

'난 오너 셰프다. 그 이름에 걸맞게 판타지를 꼭 성공시키겠어.'

사실 형우 씨에게 '브런치 카페' 아니 '브런치'는 어울리지 않는 넥타이 같은 것이었다. 그는 11시 취침, 6시 기상, 아침 식사 후 7시에 출근하는 삶을 살았다. 형우 씨는 반평생 '브랙퍼스트'와 '런치'밖에 몰랐다. 그런데 형우 씨가 나이 오십에 퇴직을 결심했을 때 브런치는 많은 사람의 일상이 되어 있었다. 브런치 카페가 친숙한 공간으로 자리매김하고 있었다.

"그렇게 쳐다보다 간판 뚫어지겠어요."

매장을 정리하던 아내가 형우 씨에게 다가와 농담을 건넸다. 형우 씨는 아내에게 눈길을 주며 맞장구쳤다.

"그럼 그만 봐야겠네. 개업 전날 간판이 뚫어지면 안 되지."

농담이 재미있었는지 아내가 호호호 웃었다.

"근데 정말 주방장 안 쓸 거예요? 아무리 당신이 요리를 잘해도 걱정이 돼서…."

"이 사람 참! 내가 만든 피자랑 파스타, 맛있게 먹어놓고서 왜 이래요? 빵도 점점 맛있어진다면서, 다 거짓말이었나?"

"거짓말은 아니에요. 문제는 그 맛이 쭉 가야 하고, 무엇보다 손님들 입맛에 맞아야 하니까. 우리 식구 입맛이 정답은 아니잖아요."

"정답이 한 번에 딱 나오나요? 실패를 겪으면서 찾아가는 거지. 아무튼 주방장 쓰면 삼백오십만 원은 줘야 하는데, 절약해야지. 실패하면 개발비라고 생각하면 됩니다, 사모님."

"어련하시겠어요, 사장님!"

형우 씨는 아내의 어깨를 톡톡 다독인 뒤 주변을 한 번 둘러보았다. 도심 속 골목길 12평의 '판타지'가 새로운 둥지가 되었다는 생각에 가슴이 부풀었다. 한적한 교외에서 야외정원 카페로 출발하고 싶었지만 자금이 부족해서 도심의 골목길을 선택할 수밖에 없었다.

"브런치 카페는 도심형과 전원형 각각 고유의 특성이 있으므로 어떤 것이 더 낫다고 단정할 수 없어요. 고객 연령대도 10대부터 60대까지 다양하니까 전략만 잘 세우면 성공할 수 있습니다."

형우 씨는 창업지원센터의 조언을 되새기며 입을 굳게 다물었다. 그리고 자신이 세운 전략을 되새겼다. 테이크아웃 병행, 학부형 할인쿠폰, 1인 손님을 위한 메뉴 개발….

형우 씨는 날개를 펴듯 두 팔을 높이 들어 올렸다.

'이제 날자. 새처럼 훨훨!'

브런치 카페는 프랜차이즈 카페가 넘쳐나는 요즘 블루오션으로 평가받는 창업 아이템이다. 최근엔 블루오션 성격이 다소 약해졌지만 여전히 개척할 가치가 있는 영역이다. 이 이야기의 주인공인 형우 씨도 그 가치를 보고 뛰어든 것이다. 이 이야기는 브런치 카페의 창업을 권장하는 것이 주목적은 아니다. 정통 양식이 부담스러운 시니어에게 보다 쉬운 길이 있다는 사실을 알려주는 것이 주목적이다. 같은 목적으로, 샐러드 가게도 도전해볼 만하다. 샐러드는 간편한 먹거리를 선호하는 현대인들에게 건강까지 안겨주는 양식 아이템이다. 요즘 점점 늘고 있지만 아직은 블루오션이다.

물론 블루오션이라고 해서 성공 가능성이 크기만 한 것은 아니다. 새롭고 낯선 아이템은 대중에게 친숙해져야만 성공할 수 있는데, 그 과정이 버티기 어려울 만큼 길고 힘겨울 수도 있다. 그래도 도전 정신이 강한 시니어라면 블루오션에 뛰어들어도 좋다. 레드오션은 경쟁이 심하다는 단점은 있지만 이미 시장이 형성되어 있기 때문에 안정적인 면도 분명히 있다. 차별적 전략을 세운다면 충분히 살아남을 수 있다. 일한다는 것 자체에 행복을 느끼고 적은 수입이라도 만족할 수 있는 시니어라면 레드오션이 맞을 수도 있다. 본인의 취향, 자질, 가치관 등을 세심히 파악한 뒤 선택하도록 하자.

양식 요리사의 미래

2021년 워크넷이 보고한 〈전문가가 분석한 일자리 전망〉에 따르면, 향후 5년 동안 양식 요리사의 고용 상태는 적어도 현 상태를 유지하거나 다소 증가할 것으로 보인다. 미래가 밝은 편이라 할 수 있다. 다만 시니어로 범위를 한정한다면 밝다고 보기만은 어렵다. 일손이 필요한 업체에서 꼭 시니어를 뽑는 것은 아니기 때문이다. 당연한 말이지만, 업체에게는 시니어를 뽑아야 할 이유도 의무가 없다.

그래도 긍정적인 전망이 있다. 브런치 카페, 디저트

카페, 샐러드 가게, 푸드트럭, 밀키트 등 양식의 업종 영역이 점점 넓어지고 있으므로 객관적으로 기회가 늘어가는 것만은 사실이기 때문이다. 다양해진 업종 영역은 창업의 기회 역시 늘려주었다. 정통 레스토랑에 비해 돈과 힘이 덜 드는 업종을 찾아 파고드는 것도 좋은 선택이 될 수 있다.

워크넷이 2021년에 조사한 양식 조리사의 임금 수준은 다음과 같다.

- 하위(25%): 연 3,154만 원
- 중위(50%): 연 3,800만 원
- 상위(25%): 연 4,200만 원

임금 정보는 전체 연령대 양식 조리사의 평균값이다. 시니어 요리사만을 대상으로 한 것은 아니므로 참고만 하는 것이 좋다.

시니어 양식 요리사가 추구해야 할 맛

2018년 73세를 일기로 작고한 조엘 로부숑은 프랑스의 요리사이자 '세기의 요리사'이다. '세기의 요리사'란 프랑스 레스토랑 가이드북 고미요(Gault Millau)가 부여하는 자격이다. 조엘 로부숑은 1990년에 선정됐다. 그는 창의력이 돋보이는 요리로, 미슐랭 스타를 32개나 받은 요리의 거장이다.

조엘 로부숑은 1995년 오십 세에 요리계를 잠시 떠났었다. 이후 요리책 집필, 방송 출연 등으로 시간을 보내다 2003년 다시 주방으로 돌아왔다. 돌아온 그는 새 요리 철학을 내비쳤다.

"음식은 단순할수록 탁월해질 수 있다는 사실을 깨달았습니다. 세 가지 맛이 넘지 않는 음식을 추구하겠습니다."

실제로 조엘 로부숑은 자신의 새로운 요리 철학대로 요리를 했다. 수많은 미식가들이 조엘 로부숑의 대표 요리로 매쉬드 포테이토(으깬 감자 요리)를 꼽는다. 매쉬드 포테이토는 그의 요리 철학대로 맛이 단순한 요리이다.

미래 시니어 요리사에게 조엘 로부숑의 요리 철학은 좋은 본보기가 될 수 있다. 양식은 아무래도 노년층보다는 젊은 층이 선호하는 음식이다. 단적인 예로, 돈가스

보다는 설렁탕을 좋아하는 노년이 더 많지 않은가. 노년층도 사람에 따라 다양한 입맛을 가졌겠지만, 아무래도 단순하고 담백한 맛에 더 끌리기 마련이다. 노년은 그런 시기이다. 노년, 즉 시니어를 겨냥한 메뉴 개발은 미래 시니어 요리사에게 하나의 전략이 될 수 있다. 전략적인 요리와 친절한 인사, 진솔한 대화까지 더할 수 있다면 단골 시니어 고객을 얻을 수 있을 것이다.

직업을 공부합니다

[인터뷰]
시니어 샐러드 요리사

서울 은평구에 사는 박미연(가명) 씨는 3년째 샐러드 가게를 운영하는 오너 셰프다. 시니어 오너 셰프인 그녀에게 미래 시니어 요리사에게 조금이나마 도움이 될 만한 조언을 구했다.

문〉 샐러드 가게를 오픈하게 된 계기는 무엇인가요?

답〉 요리하는 걸 좋아했어요. 더 잘하고 싶은 마음에 이탈리아 요리 학원에 다녔습니다. 요리를 배우는 것 자체가 재미있었는데, 특히 샐러드와 샌드위치를 배울 때 즐거웠어요. 즐겁게 요리 공부를 하다 보니 샐러드 가게를 열고 싶다는 꿈이 생기더군요. 마침 오십대 중반을 넘어서고 있던 때여서 그랬을까요? 어쩌면 이게 기회라는 생각이 들었고, '마지막이니까 내가 하고 싶은 걸 꼭 하자.'라는 오기가 발동했지요.

문〉 샐러드 가게의 장단점은 무엇인가요?

답〉 고객에게 건강과 만족을 준다는 게 장점이 아닐까 싶어요. 건강과 만족을 줄 수 있는 비결은 싱싱하고 건강한 식재료입니다. 좋은 식재료를 쓰는 덕분인지 불만을 표하는 고객이 거의 없어요. 샐러드 가게 창업이나 요리사가 되기를 꿈꾼다면 꼭 좋은 식재료를 써야 한다고 말하고 싶네요. 샐러드는 건강식인데, 나쁜 식재료로 음식을 만들면 안 되죠. 건강을 해칠 수 있잖아요.

단점으로는 들쭉날쭉한 식재료 비용을 꼽고 싶네요. 특히 장마가 낀 여름엔 채솟값이 세 배 이상 오를 때도 있어서 이윤이 적어요. 게다가 좋은 식재료를 구하기도 힘들죠.

문〉 오너 셰프로서 좋은 점과 힘든 점이 있다면?

답〉 신메뉴나 레시피를 자유롭게 선택하고 결정할 수 있는 건 좋은 점이에요. 물론 자유에는 책임이 따르니까, 신메뉴나 레시피를 실패했을 때 그 책임은 오롯이 저의 몫이죠.

힘든 점은 오너 셰프라면 어떤 식당이나 마찬가지일 것 같은데, 역시 식재료를 비롯한 물류 비용이에요. 물류 비용이 오르면 자연히 스트레스도 올라갑니다. 수입이 당장 줄기 때문에 전전긍긍할 수밖에 없어요. 고객 취향에 맞는 신메뉴를 개발하는 일도 힘든 점입니다. 물론 이건 성취감을 주기에 좋은 점이기도 한데, 신경을 무척 많이 써야 해서 힘든 건 사실입니다.

문〉 샐러드 가게의 창업 비용은 대략 얼마나 들까요?

답〉 창업 비용이란 보통 매장 임대료, 인테리어비, 주방기기 구입비, 초도 물류비 등을 더한 비용인데요. 8평을 기준으로 말씀드리면, 인테리어비 3,000만 원, 주방기기 구입비 1,500~2,000만 원, 초도 물류비는 300~500만 원 정도 듭니다. 매장 임대료는 지역과 시기에 따라 차이가 크니 정확하게 산정하긴 어렵고요.

문〉 순수익은 많은 편인가요?

답〉 매출의 25~30퍼센트가 순수익입니다. 객관적으로 볼 때 나쁜 편은 아니죠. 다만 물류 비용에 영향을 많이 받는 편이라 계절에 따라 차이는 있어요.

문〉 샐러드 가게의 메뉴를 간략히 소개해주세요.

답〉 두부버섯샐러드, 리코타샐러드, 쉬림프샐러드, 생연어샐러드, 아보카도쿠스쿠스샐러드, 수비드닭안심샐러드, 그 외에도 여러 가지가 있어요. 신메뉴를 주기적으로 내기 때문에 메뉴 구성은 유동적입니다. 개인적으로는 두부버섯샐러드를 제일 좋아해요. 두부의 담백한 맛과 버섯의 쫄깃한 식감이 잘 어울리는 샐러드죠.

문〉 샐러드 가게를 운영하면서 겪은 에피소드가 있다면?

답〉 저희 매장이 버스정류장과 가까워요. 덕분에 유동 인구가 많은 편이죠. 그런데 매장에 불쑥 들어와 버스를 기다리는 분들이 가끔 있어요. 저희에게 양해를 구하면 괜찮은데, 인사를 해도 말을 걸어도 아무 대꾸 없이 있다가 휙 나가 버리는 분들도 많아요. 그럴 땐 솔직히 좀 맥이 빠지죠. 무시당한 기분도 들고. 하지만 어쩌겠어요. 마음을 다스려야지. 안 좋은 마음으로 요리하면 맛도 떨어지거든요.

문〉 샐러드 가게 창업을 꿈꾸는 시니어에게 해주고 싶은 말씀은 무엇인가요?

답〉 채소 구매부터 조리까지 직접 해야 한다는 걸 말씀드리고 싶네요. 샐러드는 채소에 메인 재료를 얹기만 하면 끝나는 간단한 음식이 아니에요. 채소 씻기부터 메인 재료를 조리하는 일까지 요리사의 손길이 세심하게 미치는 음식입니다. 요리사는 식재료들의 궁합도 신경 써야 하고 건강에 미치는 영향까지 계산해야 하죠. 신메뉴도 주기적으로 개발해야 하는데, 이때 고객의 니즈를 파악하는 게 쉽지는 않습니다. 실패할 각오도 하셔야 해요. 경영적인 부분에서는 원가와 판매가를 꼼꼼하게 계산해야 해요.

무엇보다 샐러드는 건강식이라는 사실을 강조하고 싶네요. 고객 중에 저희 샐러드를 먹고 건강해졌다고 말씀하신 분이 있었어요. 그때 정말 뿌듯했습니다.

5장

다양한 요리사의 세계

제과·제빵사의 세계

제과 · 제빵사는 누구인가?

제과사는 쿠키, 케이크, 파이 같은 과자류를 만드는 사람이다. 식빵, 도넛, 베이글 같은 빵을 만드는 사람은 제빵사다. 보통 제빵사가 제과도 하고 제빵도 하는 줄 안다. 실제로 동네 빵집(혹은 제과점)에서는 한 사람이 제과와 제빵을 모두 하는 경우가 많다. 프랜차이즈 체인점도 동네 빵집과 큰 차이는 없다. 대규모 베이커리와 프랜차이즈 본사에서나 제과와 제빵이 분리된다. 여하튼 '빵집'이든 '제과점'이든 빵이나 과자 중에 하나만 파는 곳은 드물다. 대다수 업체가 빵과 과자를 함께 판다. 따라서 본인이 주방에서 일하고 운영도 할 생각이라면 제과와 제빵을 모두 배우는 것이 좋다. 말 그대로 '제과 · 제빵사'가 되는 것이다.

한 가지 재미있는 점은 요즘 널리 쓰이는 '파티시에'라는 호칭이다. 우리나라에서는 보통 제과사와 제빵사를 아울러 부르는 말로 쓰인다. 그런데 프랑스 말인 '파티시에'는 본래 제과사를 가리킨다. 프랑스 말에는 제빵사를 뜻하는 '블랑제'라는 호칭이 따로 있다. 파티시에에 왜 제과 · 제빵사의 의미가 뭉뚱그려 담겼는지는 정확히 알 수 없다. 그만큼 제과와 제빵을 같은 직업으로 보는 문화 탓인 듯하다.

시니어가 제과 · 제빵사 되는 법

제과 · 제빵사로 취업하는 데 자격증이 필수는 아니지만 있으면 취업에 유리하다. 채용 사이트 푸드앤잡(www.foodnjob.com)의 채용 공고들만 살펴보아도 유리함을 알 수 있다. 자격증 소지 여부를 지원 자격으로 두지는 않아도 대체로 우대한다. 미래 시니어 제과 · 제빵사의 경우 경력이 없는 초짜이기에 자격증이 있으면 자신을 어필하는 데 도움이 된다.

시니어가 도전할 수 있는 자격증은 제과기능사 및 제빵기능사 자격증이다. 이 두 자격증은 한국산업인력공단에서 주관하는 국가자격증이다. 참고로 한국산업인력공단의 자격증 시행 종목으로는 '조리'가 아닌 '식품 · 가공'에 해당된다. 제과 · 제빵사도 직업상으로는 조리사의 범주에 들어가지만 자격증 시험에서는 별도 분야이다. 그러나 이것은 큰 의미가 없다. 취득 방법은 조리사 자격증과 비슷하기 때문이다.

제과기능사 및 제빵기능사 자격 시험 역시 검정형과 과정평가형으로 나뉜다. 전형 방식에 대해서는 한식 조리사에서 설명한 내용을 참고하자. 한편 제과기능사와 제빵기능사의 실기 메뉴는 각 20가지이다. 큐넷(www.q-net.or.kr)의 해당 자격증 설명 창에서 실기 메뉴를 다운로드 받을 수 있다.

제과 · 제빵 기술을 손쉽게 배울 수 있는 방법은 제과 · 제빵 학원에 다니는 것이다. 또한 지자체에서 마련한 교육 프로그램도 도움이 된다. 요즘은 책, 유튜브, 블로그 등을 통해 혼자서도 충분히 익힐 수 있다. 다만 이들 매체를 활용할 때 목표를 살짝 달리하는 것도 한 방법이다. 제과 · 제빵 실기 메뉴 40가지를 포함해 수많은 빵과 과자를 섭렵해 취업에 도전하겠다는 목표보다는 몇 가지만 익힌 뒤 취미생활 하듯 빵과 과자를 만들면서 특별한 메뉴를 개발하겠다는 목표가 더 현실적일 수 있다.

요즘은 블로그나 유튜브에서 제과 · 제빵을 배운 사람이 다시 블로거나 유튜버로 활동하면서 빵과 과자를 선보이고 돈도 벌 수 있는 세상이다. 취미로 만들던 빵과 과자를 SNS에 소개하면서 제과 · 제빵사라는 직업을 유지할 수 있는 환경이다.

《컵베이킹 & 컵디저트》의 저자 김정희 씨는 두 아이 엄마로서, 취미로 만든 빵과 쿠키를 블로그에 올리면서 제과 · 제빵사의 길로 들어섰다. 블로그와 요리가 인기를 끌면서 책까지 출간했으며, 2009년에는 '다음 미즈쿡 요리 고수', 2010년에는 '네이버 키친 요리 고수'로 선정되었다. 시니어가 된 지금까지도 블로그 '바람꽃과 솔나리'를 비롯한 운영 사이트에서 꾸준히 요리를 소개하고 있다.

한편 한식 요리사 편에서 소개한 한국폴리텍대학의

신중년특화과정에서도 제과 · 제빵 기술을 배울 수 있다. 외식조리과에서 이론과 실기를 알차게 가르쳐준다. 재취업 컨설팅도 해주므로 관심을 가져보자.

시니어 제과 · 제빵사 엿보기

취업이 어려우면 창업을 생각할 수 있다. 하지만 프랜차이즈 빵집의 홍수 속에서 개인 빵집으로 살아남는 건 녹록지 않다. 창의적인 신메뉴로 고객의 마음을 사로잡는다면 가능하겠지만 신메뉴가 늘 성공하는 것은 아니다. 실제로 많은 동네 빵집들이 문을 닫거나 프랜차이즈로 갈아탄다.

암울한 분위기 속에서 동네 빵집 사장님들이 사회적 협동조합으로 뭉쳐 살길을 도모한 사례가 있어 소개해 본다. 대표적인 조합으로 서울 서대문구와 은평구의 제빵사 11명이 2013년 결성한 '동네빵네협동조합'이 있다. 평균 30~40년 동안 빵을 만든 장인들로 구성된 이 협동조합은 모범적인 성공 사례로 언론에도 여러 차례 소개된 바 있다. 이들은 공유 공장을 운영하면서 신메뉴 개발을 함께했고, 조합을 통해 좋은 식재료를 구해 맛있고 건강한 빵을 만들었다. 동네빵네협동조합의 정직한 노력은 소비자들에게 신뢰감을 심어주었다. 신뢰감은 경쟁력을 키워주었고, 그 결과 대형 백화점에 납품하는 성과도 일구어냈다.

뭉치면 강해진다. 미래 시니어 제빵사로서 개인 빵집을 열고 싶다면 함께할 수 있는 동지를 찾아보자. 창업한 뒤 이미 활동하고 있는 사회적협동조합의 문을 두드리거나 몸소 만들어보자. 협동조합기본법에 따라 5명 이상 소상공인이 모이면 사회적협동조합을 만들 수 있다. 정부의 지원 제도도 있으니 관심이 있다면 한국사회적기업진흥원 홈페이지(www.socialenterprise.or.kr)를 통해 자세한 사항을 알아보자. [협동조합] 카테고리를 클릭하면 된다.

매장을 내지 않아도 창업을 할 수 있는 길이 있다. 경제적 부담이 크다면, Y씨의 사례를 참고해보자. 속옷 대리점을 운영하던 Y씨는 오십대에 들어 집에서 창업했다. 창업 아이템은 호두파이, 수제청, 착즙주스 등의 수제 건강간식이었다. 그는 카카오스토리, 인스타그램 등의 SNS로 판매하며 사업을 시작했다. 오븐과 필수 조리 도구만 약간 갖추면 감당할 수 있는 일이었다. 맛있고 건강한 간식은 입소문을 타면서 주문이 늘었다. 2년 만에 집에서 감당할 수 없을 정도로 '일이 커지자' 오프라인 매장을 내기에 이르렀다. 지금은 온오프라인을 병행하며 사업을 키워가고 있다. Y씨의 사례는 네이버 포스트 '전성기 [일자리/창업 정보] 중년의 은퇴다이어리' 〈50세에 시작한 수제간식공방〉이란 글에 자세히 소개되어 있다.

아이템이 많지 않아도 괜찮다. 빵, 과자, 쿠키 몇 가지만 맛있고 영양가 있게 만들어도 충분히 경쟁력이 있다. 그리고 Y씨처럼 모바일 시장을 공략해보자. 온라인 판매나 마케팅을 가르쳐주는 강의나 업체도 많으니 하나씩 배운다는 마음으로 도전해보자. 그곳에 가면 열정적인 시니어들이 많이 모여 있으니 자극도 받을 수 있다.

초보자인 미래 시니어에게 건강한 간식거리는 매우 적절한 아이템이 될 수 있다. 작게 시작해서 크게 되는 방법을 찾아보자.

바리스타의 세계

바리스타는 누구인가?

'바리스타'란 '바(bar) 안에서 만드는 사람'이란 뜻의 이탈리아 말이다. 이탈리아의 바리스타는 바 안에서 커피는 물론 칵테일 같은 술을 만드는 사람인데, 우리나라에서 바리스타는 '커피 만드는 전문가'로 통한다. 그들은 다양한 맛과 향의 커피를 만들고 예쁘게 장식까지 한다.

요즘엔 바리스타가 로스터의 일까지 하는 경우가 많다. 생두를 직접 볶아 내린 커피를 파는 커피숍의 바리스타가 특히 그렇다. 위에서 말한 로스터는 커피 로스팅을 하는 사람이다. 커피 로스팅이란 생두를 볶아서 커피

특유의 맛과 향을 끌어내는 공정이다. 생두는 커피나무 열매 속에 들어있는 두 개의 씨앗이다. 이 딱딱한 씨앗은 약 1,800가지의 물질로 이루어져 있는데, 아무 맛이 안 난다. 보통 220~230℃의 온도에서 30분 정도 볶으면(로스팅) 700~850가지 맛과 향을 가진 물질로 변한다. 그 변신한 물질이 바로 원두(커피콩)이다. 원두의 맛과 향은 열을 어떻게 조절하느냐에 따라 달라진다. 즉 가열 기술은 바리스타와 로스터에게 무척 중요한 기술이다.

우리나라는 커피 공화국이라 불릴 만큼 많은 사람이 커피를 즐겨 마신다. 이를 증명이라도 하듯 커피숍이 거리에 차고 넘친다. 경쟁이 몹시 치열하다. 치열한 환경 아래서 바리스타들은 로스팅에 심혈을 기울인다. 로스팅을 잘해야 커피의 맛과 향을 살릴 수 있기 때문이다. 로스팅은 고객의 입맛을 사로잡기 위한 기초적이면서도 필수적인 작업이라 할 수 있다.

시니어가 바리스타 되는 법

먼저 자격증에 대해 알아보자. 현재 바리스타 관련 국가자격증은 없다. 법인, 단체, 개인 등이 주관하는 민간

자격증만 있다. 어떤 민간자격증이 있는지는 민간자격정보서비스 홈페이지(www.pqi.or.kr)를 통해 알 수 있다. 홈페이지의 [자격정보]나 [등록 민간자격검색] 배너를 클릭하면 된다. 보통 바리스타 교육 기관에서 민간자격증을 주관하는 경우가 많으므로 교육 내용을 살펴본 뒤 자신에게 알맞은 자격증에 도전한다.

자격증을 따든 안 따든 바리스타를 꿈꾼다면 전문 교육을 받아야 한다. 매력적인 커피 향과 맛을 얻는 노하우는 독학으로 터득하기 어려운 측면이 있다. 긴 시간의 노력과 수없는 실패라는 값을 치러야 한다. 물론 전문 교육을 받아도 실패와 실수를 겪지만 시간은 줄일 수 있다. 바리스타 기술은 비교적 단기간에 습득할 수 있다. 실제로 교육 훈련 기간이 짧다는 점에 바리스타에 관심을 갖는 시니어들이 적지 않다고 한다. 바리스타 교육은 지자체에서도 비교적 꾸준히 진행하고 있으니, 자신이 사는 지역의 행정기관 홈페이지나 지역신문을 자주 들여다보자.

교육비를 지원받으며 바리스타 교육을 받을 수 있는 방법이 있다. 앞서 소개한 국민내일배움카드를 통한 방법이다. 직업훈련포털(www.hrd.go.kr) 사이트에서 국민내일배움카드 신청 및 발급, 교육 기관에 대한 정보를 얻을 수 있다. 한국직업능력진흥원에서는 무료 온라인 교육을 제공한다. 온라인 교육 후 자체 시험을 통해 자격증도 발급한다. 온라인 교육 수료자를 대상으로 '실기보수교육'이라는 오프라인 강의도 시행한다. 단, 실기보수교육은 유료이다. 교육비는 약 10만 원(2022년 기준)이다. 상세 정보는 한국직업능력진흥원(한국직업능력원격평생교육원) 홈페이지(pqi.kr)에 나와 있다. 고객센터(전화: 02-465-9447)를 통한 유선 상담도 가능하다.

워크넷이 운영하는 중장년일자리희망센터 전직스쿨 프로그램에서도 바리스타 교육을 진행한다. 한식 요리사 편에서 설명한 방법대로 접근하면 된다. 하지만 정기적인 교육 프로그램은 아니며, 자주 있는 편도 아니다. 한편 한국폴리텍대학의 신중년특화과정에서도 바리스타 기술을 가르친다. 외식조리과에 지원하면 알찬 교육을 받을 수 있다.

교육 훈련만 충실하게 받으면 바리스타 자격증이 없어도 바리스타로 활동하는 데 지장은 없다. 다만 자격증이 있어도 시니어에게 취업의 문이 넓지 않으므로 바리스타 교육을 받는 시니어들은 취업보다는 창업에 뜻을 두는 편이다. 카페는 소규모 창업이 가능하고, 창업에 드는 수고와 비용이 상대적으로 낮은 편이다.

취업에 희망은 있다. 지자체나 공공기관에서 운영하는 실버카페가 대표적인 취업 장소다. 60세 이상 시니어를 바리스타로 뽑지만 연령은 변동의 여지가 있으니 염두에 두자. 2022년에는 민관 협약으로 이마트와 홈플러스 같은 대형 유통업체에도 실버카페가 생기는 등 양적으로도 늘어나는 추세에 있으니 관심을 갖고 지켜보자. 실버카페의 경우 지자체의 일자리 지원 센터에서 취업 연계도 하고 있으니 정보를 알아두면 도움이 된다.

강연, 모델, 크리에이터, 학교 보안관, 지하철 택배 등 시니어의 사회활동 분야는 계속 확대되고 있다. 참여하는 시니어의 수도 늘어나고 있다. 다양한 사회활동 속에서 시니어는 따뜻함, 친절함, 연륜과 같은 장점을 드러낸다. 커피숍 사장님들 중에 이러한 장점을 가진 시니어 바리스타를 선호하는 사람도 있다. 커피숍은 쉼의 공간이고, 커피는 마음을 달래주는 음료이다. 시니어 바리스타의 장점이 커피와 커피숍을 더더욱 빛낼 수 있다. 이것 또한 희망이다. 장점을 더 키우면 희망도 함께 커질 것이다.

시니어 바리스타, 어떻게 일하고 있을까?

바리스타 K씨의 자부심

TV조선 〈알맹이〉에서 시니어 바리스타로 인생 2막을 살아가고 있는 여성 K씨의 삶이 소개되었다. K씨는 60세에 퇴직한 후 시청에서 시행한 시니어 대상 바리스타 교육을 받았다. 교육을 받고 자격증을 취득한 뒤 애견카페에 취업했다. 방송 당시 K씨는 5년 차 베테랑 바리스타로 자리매김한 상태였다. 커피도 능숙하게 만들지만 정감 있고 따뜻한 접대로 손님들에게 환영받고 있었다. 반려견을 키워본 경험이 없어 처음엔 강아지들과 소통하는 게 무척 어려웠다는 K씨는 강아지들에게도 좋은 친구가 되어 있었다. 이 모든 것이 일에 대한 열정과 시니어 특유의 장점이 어우러진 결과였다.

K씨는 앞치마에 바리스타 배지를 달고 일한다. 배지는

바리스타인 자신의 자부심이라고 그는 힘주어 말했다.

세 번의 도전 끝에 성공한 H씨

서울시에서 운영하는 소통 포털 '내 손안에 서울'의 〈그녀는 어떻게 '서울시 실버카페'에서 일하게 되었을까?〉(2020년 8월 26일 자)에서 소개된 H씨의 삶을 만나보자. H씨는 기사에 소개될 당시 7년 차 바리스타였다. 전업주부와 어린이집 보조교사로 살았던 H씨는 65세 정년을 코앞에 두고 바리스타의 길을 선택했다. 정년퇴직 후 먹고살 길을 고민하다 내린 결정이었다. 평소 커피를 좋아하고 관심이 많았던 것도 결정의 한 이유였다.

H씨는 자신의 결정에 따라 부지런히 노력한 결과 바리스타 자격증을 손에 넣었다. 이후 틈틈이 인터넷에서 서울시의 실버카페에 대해 검색했다. 그러던 중에 현재 일하고 있는 실버카페의 채용 공고를 발견했다. 한껏 포부를 품고 지원했지만 날아든 소식은 불합격이었다. 포기하지 않고 재도전했지만 또 불합격, 결국 세 번의 도전 끝에 합격의 영광을 누릴 수 있었다.

H씨는 좋아하는 커피를 만드는 일이 직업이어서 기

뻐다고 했다. 바리스타로 일하는 것 자체가 삶에 활력을 준다고 했다. 또한 전문가로 인정받을 수 있어서 보람을 느낀다고 덧붙였다.

선한 영향력의 주인공, A씨

워크넷의 홍보용 취업 동영상 〈바리스타〉 편에 등장한 A씨는 영상 제작 당시 6년 차 바리스타였다. 현재 나이 50대 중반으로, 커피숍을 창업해서 바리스타 업무와 경영을 동시에 하고 있다. 과거 호텔리어로 일하다가 좋아하는 일을 하고 싶어 바리스타가 되었고, 커피숍을 창업했다고 한다.

A씨는 커피가 좋아서 시작한 바리스타 일이 정말 즐겁다고 한다. 자신의 손길로 맛있는 커피를 만들었을 때 정말 기쁨이 크다고 한다. 재미있는 정도가 아니라 정말 '즐겁다'고 한다.

A씨는 자신의 경험과 연륜이 주 고객층인 청년들에게 도움될 수 있다는 점을 중년 바리스타의 장점으로 꼽았다. 자신과 대화하고 소통하면서 힘을 얻은 청년들이 여럿 있었는데, 가족한테 못 꺼내는 비밀까지 털어놓은 청

년도 있다고 한다. 유치원 교사로 일하지만 직업적 만족을 못 느꼈던 한 청년은 A씨가 행복하게 일하는 모습에 부러움을 느껴 상담을 요청했다. 그 청년은 A씨와 이야기를 나눈 뒤에 바리스타로 진로를 바꿨다고 한다.

지금까지 시니어 바리스타들이 어떻게 일하는지 알아보았다. 미래 시니어 바리스타를 꿈꾼다면 그들에게 배울 점을 일일이 나열하지 않아도 이미 눈치챘을 것이다. 그것이 시니어의 연륜이다. 자신의 장점을 살리면서 바리스타의 무대에 도전장을 내밀어보자.

요리 관련 이색 직업

푸드테라피스트

푸드테라피(food therapy)란 음식으로 몸과 마음을 치유하는 일이다. 규범 표기는 '푸드세러피'이지만 '푸드테라피'란 이름이 널리 쓰인다. 푸드테라피스트(food therapist)는 음식을 통해 질병을 예방하거나 치료하고, 영양의 균형을 맞춰 건강을 개선하는 일을 한다. 또한 요리를 하면서 소통하고 요리로 마음의 병과 상처를 어루만진다. 이처럼 푸드테라피스트는 사람들의 몸과 마음을 음식으로 개선하여 나아지도록 하는 일을 한다. 요즘엔 푸드테라피의 의미가 몸보다 마음에 더 치우친 분위기다. 그래서 푸드테라피스트를 요리로 마음을 치유하는 사람이라고 여긴다. 기본적으로 푸드테라피스트는 요리로 몸과 마음을 다 치유할 줄 알아야 한다. 나쁜 음식이나 잘못된 음식으로 몸에 해를 끼치면 마음을 치유할 수 없기 때문이다. 몸과 마음은 하나라, 둘 중 하나가 병들면 나머지 하나도 망가진다.

푸드테라피스트의 손길은 누구에게나 닿을 수 있다. 아이, 어른, 노인, 장애인 구분이 없다. 푸드테라피스트에게 요리로 치료를 받으면 자존감이 높아지고 자립심이 생긴다. 음식에 대한 거부감도 줄어든다. 그렇게 만드는 것이 푸드테라피스트의 일이다.

한 예로, 푸드테라피스트 최선희 씨는 노인을 대상으로 한 푸드테라피 수업에서 달걀 세 개에 세 가지 자기감정을 그리고, 그 달걀을 으깨 '마음꽃 샌드위치'를 만들었다. 꽃송이 모양의 샌드위치로 자기감정이 활짝 피어나는 느낌을 준 것이다. 수업을 마친 노인들은 한결같이 "기분 좋아." 하고 소감을 밝혔다. 최선희 씨의 활약상은 한국직업방송의 유튜브 방송 〈음식으로 마음을 치유하다, 푸드테라피스트 최선희〉 편에 생생하게 나온다.

많은 사회적 경험과 인적 경험을 해온 시니어에게 푸드테라피스트는 도전해볼 만한 영역이다. 학교나 복지 시설 등에서 주로 일하는데, 나이 제한도 없고 경력도 크게 따지지 않는다. 다만 요리, 심리학, 영양학 등에 관한 지식이 필요하므로 교육기관을 통해 배우는 것이 좋다.

푸드테라피스트로 일하려면 현실적으로 아동요리지도사, 요리심리상담사, 실버심리요리지도사 같은 푸드테라피 관련 자격증이 필요한데, 이를 위해서 교육기관을 활용하는 것이 효율적이다. 이들 자격증은 모두 민간자격증이다. 한국아동요리지도자협회 홈페이지(www.cookingkids.co.kr)에서 자세한 정보를 얻을 수 있다. 아동요리지도사의 경우 한국직업능력진흥원(한국직업능력원격평생교육원) 홈페이지(pqi.kr)에 가면 무료 수강과 자격증 취득이 가능하다.

푸듀케이터

'푸듀케이터(fooducator)'란 푸드(food)와 에듀케이터(educator)를 합친 말이다. 이 직업은 2010년대에 한 여성이 창직한 직업이다. 그 주인공은 비영리 사단법인 푸드포체인지를 운영하는 노민영 대표이다. 푸듀케이터는 건전한 먹거리 문화 정착을 위해 올바른 식생활을 가르치는 일을 한다. 보통 미취학 아동부터 청소년을 교육 대상으로 삼는다. 단순히 영양, 칼로리 등의 지식만 다루는 게 아니라 식생활 교육과 캠페인을 통해 건강, 환경, 농업, 지역경제 같은 사회문제를 개선하는 일을 한다.

우리나라에 푸듀케이터를 정착시킨 노민영 대표는 원래 외식 사업체의 직원이었다. 평소 음식에 관심이 많았던 그녀는 이탈리아의 미식과학대학으로 유학을 떠났고, 그곳에서 식문화 운동의 사회적 가치를 깨달았다. 한국에 돌아온 그녀는 슬로푸드[1] 관련 일을 하다가 2012년 푸드포체인지를 세우며 푸듀케이터의 길로 들어섰다. 출발은 비교적 순조로웠다. 때마침 '바른 먹거리 교육'을 기획한 기업 풀무원과 궁합이 맞은 덕분이었다. 당시 바른 먹거리 교육을 맡을 사회적기업을 찾고

1 패스트푸드와 반대로 시간이 오래 걸려야 나오는 음식. 지역마다 특색 있는 식자재와 맛을 지키고 전통적인 요리법을 보존하자는 운동 또는 그 음식을 뜻하기도 한다.

있던 풀무원은 푸드포체인지의 프로그램이 마음에 들었다. 노민영 대표의 성공 사례는 워크넷 홈페이지의 〈직업인 인터뷰〉에서도 만나볼 수 있다.

푸듀케이터가 되려면 푸드포체인지에서 진행하는 푸듀케이터양성과정을 수료하고 자격 검정 시험을 치러야 한다. 관련 정보는 푸드포체인지 홈페이지(foodforchange.or.kr)에서 확인이 가능하다.

푸듀케이터란 직업은 고용노동부 블로그 〈모두가 꿈꾸는 일터〉에서도 소개하고 있다. 푸듀케이터 교육에 대한 반응과 평가는 전반적으로 긍정적이다. 고용노동부는 음식문화와 식생활이 사회에 미치는 영향이 점점 커지므로 푸듀케이터의 역할이 더 늘어날 것으로 전망한다. 사회 경험이 풍부한 시니어라면 관심을 가져도 좋을 만하다.

곤충식품조리사

곤충식품조리사란 곤충을 식재료로 요리하는 사람이다. 곤충의 특성, 맛과 영양을 고려한 조리법을 연구하는 일도 한다. 워크넷의 《한국직업사전》에 오른 직업명은 '곤충식품조리사'인데, '곤충요리사', '곤충조리사', '곤충음식개발자' 등 다양한 명칭으로 불린다.

곤충식품조리사는 곤충식품 제조사, 기업의 연구소, 곤충요리 음식점 등에서 일한다. 저변화된 직업은 아니기에 본인이 직접 곤충요리 음식점을 내서 일하는 경우가 대부분이다. 곤충요리 음식점이 하나둘 생겨나고 있지만 아직 그 수는 적다. 시장이 작다는 점은 분명 단점이지만, 경쟁률과 진입장벽이 낮다는 장점으로도 볼 수 있다.

농장에서 직접 식용곤충을 기르는 이들도 있다. 이들은 곤충을 손수 가공해서 인터넷 시장에 팔거나, 본인이 운영하는 음식점에서 식재료로 쓰거나, 다른 음식점에 납품하는 등의 방법으로 수익을 올린다. 하지만 아직 판로가 좁아 고전하는 사람이 많다고 한다. 유튜브에서는 식용곤충으로 성공한 사람들의 사례를 제법 찾아볼 수 있지만 소수인 것이 사실이다.

곤충식품조리사가 되려면 양식조리기능사 자격증을 따는 것이 전제 조건이다. 양식 요리사를 꿈꾸는 시니어라면 곤충식품조리사를 차선책으로 생각해보는 것은 어떨까? 곤충에 대한 지식을 익혀야 하므로 공부할 각오는 해야 한다. 관심이 있는 사람은 한국식용곤충연구소 지식협동조합의 페이스북(www.facebook.com/keilab2014)을 참고하자. 이곳에서 조리사 과정을 공부할 수 있다.

곤충이 미래의 먹거리가 될 거라는 이야기가 솔솔 나온다. 관련 기사도 이따금 나오고, 지자체에서는 곤충 식품 조리사의 진로 체험 교육을 시행하기도 한다. 하지만 주변에 곤충요리를 먹는 사람이 많지 않다는 점을 고려하면, 아직 청사진을 그릴 단계는 아니다. 다만 염두에 두고 준비해둘 필요는 있다. 미래는 아무도 알 수 없지 않은가!

직업을 공부합니다

4차 산업혁명과 요리사의 미래

4차 산업혁명과 일자리

4차 산업혁명이 점점 전개되면서 일자리에 대한 걱정이 늘고 있다. 로봇과 인공지능이 사람의 일자리를 앗아가지는 않을까 하는 걱정이다. 4차 산업혁명이 만드는 세상은 행정, 교육, 금융, 공업 등 사회 전반적인 분야가 지능화된 세상이다. 어렵게 생각할 것 없다. 키오스크가 주문을 받고, 로봇이 음식을 서빙하거나 호텔 룸서비스를 하고, 인공지능이 고객상담을 하는 것이 곧 지능화의 풍경이다. 이 풍경이 긍정적인 것만은 아니다. 기존 일자리가 줄어든 것은 사실이기 때문이다. 하지만 넓게 보면 긍정적인 측면도 있다. 키오스크 제조 및 수리 업자, 로봇공학자, 인공지능 전문가 같은 직업 영역이 확대되었기 때문이다.

요리 분야에서도 4차 산업혁명이 실현되는 중이다. 로봇 바리스타가 커피를 타고, 로봇 요리사가 우동을 말고, 3D 프린터가 케이크와 머핀을 만들고 있다. 아직은 낯설고 신기한 장면일 수 있지만 점점 더 익숙한 장면이 되어가고 있다. 4차 산업혁명으로 인해 주방 일자리는 타격을 받을지 모른다. 물론 로봇 기술 관련 직업은 늘어나겠지만, 주방 종사자들에게는 먼 나라 이야기일 뿐이다. 그렇다면 요리사를 꿈꾸는 사람은 4차 산업혁명이 주도할 미래를 어떻게 대비해야 할까?

요리사의 가까운 미래와 먼 미래

한국고용정보원은 로봇과 인공지능으로 대체될 확률이 높은 직업과 낮은 직업을 조사한 바 있다. 그 결과 경리사무원, 콘크리트공, 고무 및 플라스틱 제품 조립원 같은 직업이 대체 확률이 높을 것으로 전망되었다. 한마디로 단순 기술직과 단순 노무직 같은 직업이 사라진다는 뜻이다. 반면 대체 확률이 낮은 직업으로는 작가, 화가, 지휘자, 요리사 등을 꼽았다.[2] 한마디로 창의력과 예술적 감각이 필요한 직업들이다. 이러한 능력은 로봇이나 인공지능이 사람을 뛰어넘기 어렵다.

요리사는 창의력과 예술적 감각으로 신메뉴를 개발하고 고객을 감동시키는 음식을 만드는 직업이다. 게다가 자기 특유의 '손맛'을 창조하는 사람이다. 어쩌면 이 손맛이야말로 로봇과 인공지능이 가장 흉내 내기 어려운 능력일지도 모른다. 이들 여러 가지 이유로 미루어 짐작할 때 요리사는 4차 산업혁명의 소용돌이 속에서도 안정을 꾀할 수 있는 직업이라 할 수 있다. 먼 미래에도 이 안정은 크게 흔들리지 않을 것으로 보인다. 창의력, 예술적 감각, 손맛은 사람 고유의 능력이기 때문이다.

다만 가까운 미래에는 어느 정도 타격을 입을 가능성이 있다. 특히 주방 보조자의 일자리는 다소 줄어들지 모른다. 아무래도 주방에서 단순한 업무를 맡고 있기에 로봇에게 그 자리를 내어줄 가능성이 높다. 유명 패밀

---

2 theD마스터플랜연구소, 《셰프 마스터플랜》, 더디퍼런스, 2020

리레스토랑 체인에서도 우동을 마는 '단순한' 일은 점점 로봇에게 맡기는 추세이다. 이는 미래 시니어 요리사에게 반가운 소식은 아니다. 그러나 실망하기엔 이르다. 우동을 마는 로봇은 면발을 흘리거나 면발이 손에 걸리는 실수를 종종 저지른다. 그릇에 깔끔하고 예쁘게 담는 일에도 서투르다. 그만큼 기술이 완벽하지 않다는 뜻이다. 아직은 로봇 요리사보다 사람 요리사가 더 완벽하다.